The Story of Okura

ホテルオークラに思いを託した男たち

大倉喜七郎と野田岩次郎 未来につながる二人の約束

永宮 和
Nagamiya Kazu

日本能率協会マネジメントセンター

※注記

・本文中名称は基本的に大倉喜七郎を「喜七郎」、父親の大倉喜八郎を「喜八郎」とした。親子の名前が混在し、大倉財閥系企業の名称も混じってくることで、まぎらわしいためである。喜七郎の異母弟である大倉雄二も「雄二」とした。

・引用文献の表記は、原文を尊重すべき一部を除いて新字新かなに改めた。

・敬称はすべて略した。

カバーを含め、掲載写真は株式会社ホテルオークラ東京提供（P22、31、69、71、75を除く）

目次

第二章 「帝国ホテルに追いつけ」が合言葉に……83

第三章 虎ノ門に集った戦士たち……127

第四章 野田岩次郎の経営術 …… 165

第五章 東京五輪と大阪万博、そして海外進出へ …… 193

エピローグ

時代は移って

プロローグ 二人の邂逅

The Story of Okura

「ご苦労さまでございます」

総帥のまえに進みでて正座し、

野田はそれだけいって頭を下げた。

すると相手は無言で会釈した。

その居住まいに、

野田は財閥当主の貫禄を感じとった。

日本が戦争に敗れ、連合軍総司令部（ＧＨＱ）が東京に進駐して数年が経ったある日。日本の財閥解体を急いで進めるＧＨＱから、その実務遂行を委任された日本側の「持株会社整理委員会」中心メンバーである野田岩次郎（のだいわじろう）は、激務のあいだ、つかのまの休みをとって東京・芝にある東京美術倶楽部を訪れた。

東京美術倶楽部は、価値の高い美術品の保存・展示を目的とする法人組織で、展示場のほかに広い日本間がいくつもあって茶室も備えている。そこの日本間でこの日、新橋芸者が一堂に集って、三味線歌曲の一中節（いっちゅうぶし）の稽古披露会をやることになっていた。終戦直後のこと、まだ料亭や待合も客を迎える余裕はなく、芸妓たちはお座敷仕事の再開にむけてひたすら芸の習練にいそしむしかなかった。

野田は戦前、三井物産、日本綿花（のちニチメン、現双日）の駐在員として長く米国で仕事をして、むこうで米国人女性のアリス・カリタ・コーストンと結婚した。英語が堪能で、米国人のものの考え方も理解している国際人。それが整理委員会メンバーに選ばれた理由だった。野田をメンバーに推したのは阪急グループ総帥の小林一三（こばやしいちぞう）だった。

野田にとって三味線歌曲の練習見物は、整理委員会の激務を癒すささやかな息抜きだった。米国暮らしが長かったにもかかわらず、いや、だからこそか、彼は邦楽が大好きだった。戦前、米国から里帰りしたあいだにも寸暇を惜しんで踊りと三味線を習っていた。

　倶楽部の玄関で靴を脱ぎ、廊下をわたり、芸妓たちの声や試奏の音色が響く奥の広間にむかって歩を進めた野田は、ふと、手前の日本間に端然と座する老齢の男に目を止めた。端正な顔つきのその男は独り黙って座っているが、なんともいえない存在感を発している。

「ちょっと。あそこに座っておられるひと、あれはどなたかね」

　あとからやってきた者にむかって野田はそっと尋ねた。

「えっ、大倉さんをご存じない？　大倉財閥のご当主ですよ」

野田岩次郎

　野田は茫然とした。自分が目下かかわっている財閥の解体実務、その対象である大倉財閥総帥の大倉喜七郎（おおくらきしちろう）が、なぜだか目のまえにいる。その本人を野田はいままさに、GHQの手先となって実業界から追放しているのだが、日本人が日本人を裁くことにはどこかためらいも感じていた。
　あいさつをしなければ、と野田はとっさに

思った。「持株会社整理委員会の……」などと名乗るのは愚の骨頂だ。

「ご苦労さまでございます」

総帥のまえに進みでて正座し、野田はそれだけいって頭を下げた。すると相手は無言で会釈した。その居住まいに、野田は財閥当主の貫禄を感じとった。

このとき財閥当主はまだ、目のまえであいさつをする、眼鏡をかけた四角い顔つきの男がだれなのかまったく知らない。まさか自分の財閥をバラバラにして、大量の持株を強制放出させている日本側委員だとは知る由もない。そして野田もやはり、どうして大倉家当主がそんな場所に陣取っているのか、事情を知らない。

大倉喜七郎

大倉喜七郎がそこにいた理由は、一中節の名人だからである。
一中節は浄瑠璃の一種で、繊細で叙情的な節まわしを特徴とする。その流派の一つである都派はかつて家元が途絶えたことがあったが、そのさいに喜七郎が第十一代家元を中継ぎした。それほど財閥当主の技量は卓越していた。つまり芸妓たちにとって喜七郎は大先生なのである。

喜七郎の父で大倉財閥を一代で築きあげた大倉喜八郎（おおくらきはちろう）。彼もまた都派一中節の実力者で、芸号を「都一鶴」としていた。喜七郎の雅号は「聴松」だが、これはのちにホテルオークラに設けた茶室の名称「聴松庵（ちょうしょうあん）」に転じる。命名は、電力王と呼ばれた大実業家で茶人（号を耳庵）としても知られる安永松左ヱ門（やすながまつざえもん）だった。

財界から追われて趣味世界に没入するしかない男と、財閥解体の激務に疲れて安らぎを求めてきた男。追放された側と、追放を手伝った側。その邂逅（かいこう）の場が艶やかな三味線歌曲の修練の場だったというところが、なんとも興味深い。

野田が属した持株会社整理委員会は、ＧＨＱの要請にもとづいて総理大臣が任命した特殊法人である。公正取引委員会などと同様に行政権を行使できる民間人組織で、ＧＨＱが定める基準に照らし、またときにＧＨＱに意見をしながら、文字どおり財閥解体作業の中核をなす持株会社の整理、財閥家族の持株放出の実務を担った。一九四六年（昭和二十一）八月八日に正式発足し、五一年七月十日に解散するまで五年間にわたって活動した。

ＧＨＱが命じた財閥解体と財閥家族の公職追放は、三井、三菱、住友、安田の四大財閥をはじめ、軍部を裏で支えた各財閥の影響力を削ぐための策だった。財閥の豊かな財力や重厚長大産業のパワーが、当時は性能で世界有数とされた戦艦や空母、軍用機を生みだすバックボーンになったとGHQはとらえていた。そのために、影響力のあった財閥の処分を徹底した。

整理委員会は、財閥一族たちの目には、連合国の手先となっておなじ日本人に鉄槌を下す裏切り者とも映ったはずだが、GHQが軍国日本の財政的基盤だったと考える財閥群の処理をだれかがやらなければ、連合軍の進駐がいつまでもつづいてしまう。それは敗戦国としてくぐり抜けなければならない辛い関門、試練といえた。

その点について野田は、日本経済新聞社が出版した自伝『財閥解体私記　私の履歴書』（以下『私の履歴書』）のなかでこんなふうに書いている。

確かに**持株会社整理委員会**の**存在**は、**業者**にとってみれば、**GHQ**をカサに**着**て、おれたちをいじめる**奴**と**思**っただろうし、**役人**は**役人**で、**本来**は**自分**たちがやるべきものを、**行政**のイロハも**知**らない**素人**みたいなのがやって……という**一種**の**嫉妬心**もあっただろう。またGHQにすれば、**企業**の**肩**ばかり**持**っている**奴**と**見**ていただろう。**私**たちはその**三者**の**間**に**入**っていたわけで、すべての**点**で**損**な**立場**だった。

けれども、**時間**が**経**つにつれて、そして**委員会**のやることをみて、**企業家**たちの**大部分**は、**委員会**はやはり**自分**たちのことを考えてやってくれているんだというふうに

認識が変わってきたのではないかと思う。

大倉財閥傘下では、国内で鉱業に注力し、朝鮮や満州で製鉄事業などを矢継ぎ早に展開した大倉鉱業が真っ先に解体対象となったほか、軍需に関連した日本無線、内外通商も指定企業となった。喜七郎をはじめ大倉家家族の保有株式は、朝鮮などの在外企業分を除いてすべて整理委員会の管理下に置かれ、全員が関係会社の役員を追放されることになった。さらに父喜八郎が渋沢栄一（しぶさわえいいち）らとともに設立した帝国ホテルは、このとき喜七郎が社長を務めていたが、やはり公職追放によってその座を追われた。

大倉財閥の処理でGHQは、開戦直後に一時的とはいえ米英大使館員の抑留施設となり、戦中は日本海軍病院施設となっていた伊豆の川奈ホテル・ゴルフコースも処分対象（財閥家族株の一般競売）とする意向だった。しかし委員会の野田はそれに待ったをかけた。ゴルフ歴が一九一九年（大正八）からと長い野田は戦前から川奈に通っていて、そのすばらしさを深く理解していたからである。

GHQで財閥解体実務を担当したのは、ESS（経済科学局）に属する反トラスト・カルテル課で、野田は、その課長であるジェームス・ヘンダーソン（野田によれば彼はゴルフはやらなかったらしい）やほかのメンバーを連れて川奈に足を運び、ゴルフをやった。

このときホテルは進駐軍に接収されていて、日本人はいっさい利用できなかったが、野田には特権が与えられていた。そしてプレーしながら、あるいは昼食をともにしながら野田はこう説くのだった。

「これほどすばらしいゴルフコースとホテルは国内にほかにない。日本のゴルフ界発展、観光振興のためにもいまのまま残すべきだ。だから株の一般競売は絶対に避けてほしい」

この言葉がヘンダーソンとＥＳＳを動かし、一般競売は回避されることになった。一般競売となって株がどんどん切り売りされたなら、有象無象の投機屋たちがそれを買い漁ってゴルフクラブの品位を保つことなどできなくなる。

「大倉喜七郎さんの銅像を建てるから、ぜひ川奈ホテルを譲ってほしい」

九州の鉄屑回収業の社長が委員会にそう問い合わせてきたこともあった。日本を代表するチャンピオンコースを備えたリゾートホテルを安く手に入れて一儲けしよう。そう考えて探りを入れてくる連中はほかにもたくさんいた。

野田はヘンダーソンたちを説得して、川奈ゴルフクラブを会員組織制として厳選した株主に株を保有してもらうことにした。その努力が実って、川奈ホテル・ゴルフコースは戦後もプレステージの高さを保つことができた。

そういう経緯を伝え聞いておおいによろこんだ喜七郎は、一九五一年の暮れ、野田に頼みごとをする。

「ぜひとも川奈の運営会社の相談役になって、力を貸してほしい」

戦後復興をレジャーの分野から盛り立てていく。その喜七郎のビジョンに野田は賛同し、相談役就任を快諾した。この年の夏に持株会社整理委員会は解散し、激務から解放された野田のもとには社外取締役や相談役の依頼があいついでいた。

終戦前、米国ロングアイランドの強制収容所に入っていた野田は、帰国したのち東洋精機の社長・会長を務め、戦後は川奈ホテル以外にも日清製粉、三井船舶、阪急交通社などの顧問、相談役、社外取締役を歴任した。

三味線歌曲修練の場での不思議な邂逅から四年ほどが経っていた。二人はふたたび顔を合わせ、喜七郎肝いりの事業である川奈の再建で協力することになった。

それからさらに八年の歳月が流れた。

高度成長期のさなか、アジアで初となる東京オリンピックの開催がついに決まった。世界に冠たる国際都市をめざして、日本の首都はめまぐるしく変貌していた。喜七郎は、川奈の相談役を務めていた野田にもう一度大きな頼みごとをする。

「この国を代表するような、日本らしい迎賓ホテルを東京につくる。その社長を引き受けてくれないか」

公職追放解除ののち、喜七郎は帝国ホテル社長の座への返り咲きを画策したが、経営近代化に邁進する帝国がそれを許さなかった。喜七郎の失望は大きかった。そしてこの失望を原動力に変えて七十代なかばでいよいよ決意したのが、帝国ホテルと伍する迎賓ホテルの建設だった。

その経営会社の社長をやってくれという切なる依頼。野田は責任の重さに躊躇する。相談役や顧問ならいくらでも受けるが、そんなたいそうな新設ホテルの社長ともなれば、激務は必定だ。しかし喜七郎の熱心な誘いに負け、彼はついに就任を決意する。

そうして財閥解体という激烈な運命の時空に対峙した二人は、手を携え、大倉喜七郎終生の事業となるホテルオークラをつくりあげていった。

第一章

破格の御曹司

The Story of Okura

父親が築いた財閥の既存企業には
それほど興味を持つことがなく、
思いつきで新しい事業に手をだして
失敗することもあった喜七郎だが、
おおいに執着する事業が一つあった。
それがホテルである。

趣味に生きたバロン・オークラ

一九〇七年（明治四十）の六月。イタリア・トリノを出発した真新しいフィアット車は、国境を越えてフランスに入り、アルプス山脈南端のモン・スニ峠のワインディングロードを走りぬけた。やがてクルマは、サヴォア県ブールジェ湖畔の名高い温泉保養地、エクス・レ・バンを通過し、フランスを横断した。そしてドーバー海峡をわたり、英国のケンブリッジまでひたすら走った。

運転席でステアリングを操るのは、若き大倉喜七郎（当時の名は喜七、三十一歳のときに改名）。渋沢栄一の僚友で大倉財閥の創始者である大倉喜八郎、その跡継ぎである。二十五歳のこのときはケンブリッジ大学のトリニティカレッジに留学中（ランクは自費生）[1]で、勉学もそこそこにボートレースや自動車レース、乗馬に興じる毎日を送っていた。

トリノで購入したクルマは一九〇二年に開発されたフィアットの本格的レース仕様モデル「シルバーフライヤー」で、百二十馬力という当時としては途方もないパワーを生むエンジンを搭載していた[2]。値段は当時の邦貨にして一万五千円。現価換算すると少なく見積もっても二千万円以上、換算基準によっては一億円近くにもなる〝スーパーカー〟

である[3]。

購入の目的は、世界初の常設カーレース場となったブルックランズ（イングランド・サリー州）で翌七月六日に開催されるモンタギュー杯国際レース（総走行距離三六マイル）に出場すること。そのために住んでいるケンブリッジからわざわざトリノのフィアット本社に出向いて、この最新鋭のクルマを受領したのだった。

モンタギュー杯レースに出場した喜七郎（左）とシルバーフライヤー号。右上の暦年（1907）は喜七郎が書き入れたものと思われる
（大倉集古館蔵）

日本ではじめて自動車が走行したのは一八九八年（明治三十一）一月ごろ。フランス人技師が日本に持ちこんだパナール・ルバッソール社製のガソリン自動車（このころまだ蒸気自動車も走っていた）だったとされている[4]。それからわずか九年後に最新のレースカーを買い入れてイタリア～フランス～英国を疾駆するのだから、この

日本人青年のハイカラ度は半端でない。

喜七郎の留学費用や遊興費は、当然のことながら父親の大倉喜八郎の財布からでた。ときには、父親が明治初期に日本企業初の海外拠点として設立した大倉組商会ロンドン支店からでることもあっただろう。典型的な御曹司、二代目のお坊ちゃんというわけである。

ロンドン支店はこのとき、のちに大倉組商会大番頭となり喜七郎の後見役ともなる門野重九郎が支店長を務めていた。喜七郎は大倉財閥を継いでからもずっと門野には頭があがらなかったらしい。父喜八郎は、鰹節問屋の丁稚奉公から苦労して立身出世して大倉財閥を築いた人物だが、その嗣子である喜七郎は親の寵愛を受けて自由闊達に育ち、カネで苦労したことなどまったくなかった。

カーマニアだった喜七郎は、シルバーフライヤーを購入する以前からクルマを所有し、レースの訓練を積み、自動車整備の技能も身につけていた。英国で喜七郎に自動車レースのノウハウを教えたのは、トリニティカレッジの学友で二歳ほど年下のジョン・ムーア・ブラバゾンだった[5]。カーレーサーであり、英国で最初に自国の空を飛んだ航空機パイロットであり、第二次世界大戦中にはチャーチル内閣で輸送大臣と航空機生産大臣を務めたという傑物である。

ブラバゾンのアドバイスにしたがったのだろう、レース出場をまえに、喜七郎は車両の軽量化のためにシルバーフライヤーに装着されていたフェンダーやエンジンカバーをすべてはずし、燃料タンクも円筒形の軽いものに換装した。さらにエンジンチューニングを施して最高出力を五馬力高め、百二十五馬力とした。

そしてブルックランズ開設記念として催されたモンタギュー杯レースがいよいよスタートした。白のコートにピンクのキャップ、ゴーグルという派手ないでたちの喜七郎は、一周目は七位だったが、上位車の脱落にも助けられて徐々に順位をあげ、最終十二周目でコース選択をミスしたメルセデスをかわしてみごと二位でフィニッシュした[6]（ただしレースにはナビゲーター＝運転助手として出場していたという説もある[7]）。それで四〇〇ポンド（当時の邦貨で約四千円）の賞金、つまり超高級車購入費の約四分の一という額を手にしたのだから、単なるお坊ちゃんの道楽というわけでもない。

喜七郎は、そのときのことを取材した『時事新報』[8]記事のなかで、モンタギュー杯レース出場への動機とその顛末をこんなふうにコメントしている。

わたしは当時ケンブリッジ大学にいたが、ある晩、学友たちと世間話をしていたとき、日本はたしかに日露戦争で勝利したが、こと自動車競走ではとても対抗できまい、と冷やかされたので、なに自動車競走だってやれば負けはしない、と反発して、ついに

出場する羽目になってしまった。**（中略）**いよいよ**当日**になり、まずいろいろなレースがあって、それを**切り抜**けてモンタギュー・レースに**参加**した。**幸運**なことに**二等賞**に**入**り、**四千円**の**賞金**を**手**にしたときには**天**にも**昇**るような**心地**だった。このときの**平均時速**は**九二**マイル（**一四八**キロ）で、**自分**はそれからも**九七**〜**九八**マイルまではしたことがあるが、どうしても**一〇〇**マイルの**壁**を**破**ることができなかった。

そんなとんでもないスピードで爆走するレースに出場していることを通信社の配信記事で知ってびっくりした父喜八郎は、息子にすぐさま留学を中止して日本に帰国するよう厳命した。甘い父親だったが、大事な跡取りが命の危険を冒してレースに打ちこんでいることを知れば、そうするほかない。学業に励んでいるとばかり思っていた息子は、まったくちがうことに心血を注いでいたのである。

逆らうこともできず命令に従った喜七郎はケンブリッジ大の卒業をあきらめ、それまでに買い入れていたクルマ五台を日本に送り、帰国後に日本初の輸入車ディーラーである日本自動車合資会社を立ちあげた。その五台とは、レースで使用したフィアット・シルバーフライヤーに加えてフィアット・ティーボ・ランドーレッド50‐60、フィアット28‐40、おなじくイタリア製のイソッタ・フラスキーニ12、ジーデルだった（注＝数字は馬力を指す）[9]。御曹司はどこまでもハイカラで、カネ遣いが粗いのである。

さらに彼は私財を投じて日本初の自動車団体となる日本自動車倶楽部も設立した。大隈重信に会長就任を頼み、喜七郎は執行副委員長という肩書だった。この団体はいまも活動をつづける日本自動車殿堂[10]の前身である。

自動車の事業では、喜七郎は外国車輸入だけでなく、製造にまで関与しようとしたこともあった。

英国から帰国した喜七郎は、それからすぐの一九〇八年九月六、七日の両日、愛車フィアットを駆って福島・猪苗代への自動車旅行を敢行した。猪苗代湖畔に竣工したばかりの有栖川宮御別邸（天鏡閣）に有栖川宮威仁親王を訪ねる旅だった。威仁親王もまた「自動車の宮」の異名をとるほどのたいへんなカーマニアで、「東京から自動車で猪苗代の別邸まできてみよ」という御召に応えて喜七郎が自動車旅行を企画したのだった[11]。

国産自動車メーカーのパイオニアである東京自動車製作所の吉田真太郎所長が助手席に乗り、さらにこの自動車旅行を随行取材する『時事新報』記者の竹内生と、喜七郎の秘書が後部座席に収まった。竹内記者はこのときの興味深い自動車旅行記を紙面で連載しているが、その要約はこのあとの項で記すことにする。

同行した吉田真太郎は一九〇四年に東京自動車製作所を設立していた。威仁親王の強い要請によって国産自動車の製造に乗りだし、〇七年に日本初のガソリン自動車（二気筒で四人乗り）を製造、〇九年にかけて合計十一台の「吉田式自動車」を製造した[12]。英国から帰国して活路を求める若き喜七郎は、同社の理念にすっかり惚れこむ。そして父親の大倉組をとおして多額の出資をし、組織を大日本自動車製造合資会社に改組して本格的な自動車メーカーへの道を模索していく。

ところがこの出資が父親に内緒だったので、親子間で大きな問題となった。さらに大日本自動車製造が送りだす自動車は輸入車の人気にはどうしても勝てず、業績はどんどん低迷した。やがて父喜八郎の命令で大倉組から社長が送りこまれ、同社は組織改編ののちに外国車販売と修理、輸入車を使ったハイヤーサービスを展開する企業へと生まれ変わっていった。そこではもう喜七郎の発言力はすっかり弱まった。

さて、このように情熱を傾けたクルマも、あくまで喜七郎の多彩な趣味の一つにすぎない。前記した一中節や長唄の腕前は玄人そのものだったし、少年時代から興じていた乗馬の腕前もたいへんなものだった。乗馬の趣味が高じて、ついには伊豆・川奈に広大な土地を購入して乗馬クラブをつくろうとした。川奈ホテル・ゴルフコースの原案となったものだが、この川奈の開発についてはあとに詳述する。

カネ遣いがどこまでも粗い喜七郎だが、けっして放蕩息子というわけではなかった。西

洋音楽、美術、囲碁、文学、スポーツなどの振興のために私財を投じるパトロネージの活
動も多岐にわたった。

　音楽分野では、オペラ歌手の藤原義江、原信子、バイオリニストの諏訪根自子といった
才能の海外修業に多額のポケットマネーを投じ、生活の援助もした。日本画壇では横山
大観、前田青邨、文学界では島崎藤村、室生犀星、川端康成らを支援した。さらに囲碁の
公益法人である日本棋院などは、設立資金全額を喜七郎が個人的に供与した。

　経済面だけでなく、文化面でも「欧米に追いつけ」が一大命題だったこの時代には、気
前よく私財を投じて文化育成に努めるそうした存在が日本にはぜひとも必要だったのだ。
父親とちがってカネ儲けの才覚にはあまり恵まれなかったが、財閥の強大な財力をバック
とした、そんじょそこらの経済人には真似できないこうした行動規範こそが、大倉喜七郎
という人間の魅力である。カネ儲けの凡才は、カネを遣うことにかけては天才だった。

　そうした文化活動にいとも容易く大金を投じるおおらかさ、貴族的なふるまいによって
周囲からは「バロン・オークラ」と呼ばれ、身のまわりにはつねに彼の財力にぶら下がる
者たちがたむろしていた。

　立身出世して政商となり、政府や軍部との関係を深めながら大倉財閥を築きあげた父喜
八郎は、猛烈な仕事人間だった。儲かると踏めば会社を山のように興し、市場寡占を果た

せると読めば、平気で商売仇との合同を画策した。朝鮮や満州に巨大なビジネスチャンスがあると察すれば、迷うことなく現地に会社を立ちあげた。

そういう父親の背中をみて育った喜七郎だが、気質がまったくちがうので「ぼくも父さんのようになりたい」とはあまり思わなかったようだ。そうはなれない自分を感じていただろうし、父親もそういう跡取りに歯がゆさを覚えて、厳しく叱ってしまうこともたびたびだったらしい。

喜八郎は、鬼籍に入る直前の九十一歳になるまで家督を喜七郎に譲らなかったが、譲りたくても譲れなかったというのが実情かもしれない。父親が築いた財閥傘下の既存企業の経営にはあまり興味がなく、父親の現役引退後もお飾りとしての会長職につくだけで、会社の舵取りは義兄や大倉家の番頭たちに任せていた。たまに成功意欲に駆られて新規事業に挑むのだが、そこで大赤字をだして父親の怒りを何度も買った。

そんな喜七郎だったから、父親とちがって一代記が書かれることもあまりない。唯一、異母弟の大倉雄二（おおくらゆうじ）（大倉家向島別邸女中頭・久保井ゆうの二男）が書いた『男爵 元祖プレイボーイ 大倉喜七郎の優雅なる一生』（以下『男爵』）が伝記といえば伝記である。しかしこれは喜七郎の伝記というよりも、異母兄との関係を描きながら自身の人生を綴った雄二本人の自伝というべき性格の本だ。

そしてその内容は、一族の長を奉り称えるといったたぐいのものではない。むしろ庶子という立場での、三十七も齢の離れた嗣子に対する複雑な心境がフィルターとなることで、客観的に、冷静に喜七郎の人間像を描いている。

だから参考になるし、本稿でも引用するが、あとがきで本人が明かしているとおり部分的にフィクションを含んでいることに留意する必要がある。雄二は、喜七郎が出資していた文藝春秋の編集部に勤務し、俳優の芥川比呂志（あくたがわひろし）や作家の堀田善衞（ほったよしえ）と親交を結んだ。『男爵』は同社を定年退職したのちに書いたものである。

父大倉喜八郎の猛烈人生

喜七郎のことを語るには、やはりまず父親の大倉喜八郎の人生に触れないわけにはいかない。父親が築いた大倉財閥の存在がなければ、喜七郎の人生もまったくべつのものになっていただろうし、ホテルオークラが誕生することもなかったはずである。

大倉喜八郎は、渋沢栄一と長年にわたって僚友の関係を持ち、ともに殖産興業の旗手として近代日本を狂おしく駆け抜けた。その周辺にはつねに彼の財力や人脈に期待する多くの政治家や財界名士の姿があった。

大倉喜八郎
（国立国会図書館
「近代日本人の肖像」収蔵）

幼名を鶴吉といった喜八郎は一八三七年（天保八）九月、越後国の新発田に大倉千之助の三男として生まれた。生家は祖父の代から質屋を営み、新発田藩から苗字を戴いて殿さまにも拝謁が許される検断（大庄屋）を務める家柄だった[13]。だから喜八郎も底辺からの立身出世というわけではまったくない。

学問好きだった千之助の影響で、鶴吉は八歳にして「四書五経」を諳んじ、大きくなってからは丹羽思亭（新発田藩の学者）の私塾積善堂に学んで漢書をよく読んだ。また算盤、書道、狂歌なども身につけたから、なかなかの神童だったのである。

どうも「江戸にでて丁稚奉公」という出発点と、武器商人として鳴らした維新～明治期のイメージ、どこか垢抜けない容貌も手伝ってか、粗野な印象を持たれやすい喜八郎だが、むしろ育ちはいいし、文化的なたしなみもはやくからを身につけていた。僚友である渋沢栄一の生家は養蚕と藍玉の農商家だったが、大倉家の家柄はそれに負けないし、少年時代の喜八郎は渋沢より勉強ができたといえるのではないか。

大人になってからも狂歌、書道、邦楽をつづけ、美術品の大蒐集家として日本最古の私設美術館である大倉美術館（のちの大倉集古館）も設けた。息子喜七郎の多趣味、多芸ぶりもそんな父親の血を引いたせいだろう。

そういう不足ない育ちだったが、不幸にも喜八郎が十六のときに父親が他界し、その翌年には母親までも死去してしまう。しかし喜八郎は気落ちすることもなく、健気に勉学をつづける。そしてある日、大商人への道を歩むことを決意させるできごとが身近に起こる。

積善堂の学友である白勢三之助の家は酒屋をしていたが、その父親が道をゆく新発田藩の行列に下座をしなかったという理由で、藩から家業差し止めの処分を受けてしまったのである。道がぬかるんでいたので、父親は下駄をはいたまま膝を地面につけて平伏していたのだが、藩の目付はそれを見咎め「下駄をはいたまま下座とはなにごとだ」と因縁をつけてきたのだった。ちなみに検断である喜八郎の家は下座御免、つまり土下座をしなくてもいい家柄だった。

この友の家に起こった理不尽なできごとに、喜八郎は強い怒りを覚えて、こころにこう誓う。

「侍などどれほどの者か。おれは絶対に侍を超える存在になってやる」

それはとりもなおさず、国をも動かす大商人になるという決意だった。この経緯は喜八郎の伝記刊行団体である鶴友会（鶴彦が喜八郎の号）がまとめた一代記によるものだから、少々の誇張や拡大解釈があるかもしれないが、いずれにしても両親の死と親友一家の不運を契機として、彼は独り江戸へとむかったのである。一八五四年（安政元）十月、十八歳での旅立ちだった。

新発田から江戸へは会津街道から奥州街道をたどる道筋が一般的だが、喜八郎はなぜか遠まわりとなる碓氷峠経由の道を選んだ[14]。十数日かけて江戸に到着すると彼はまず、新発田で以前に面識を持った有名な狂歌師の檜園梅明(ひのきえんうめあき)を日本橋長谷川町に訪ね、その社中に入る。喜八郎にとって梅明は、少年のころから習いつづけた狂歌の教祖的存在だった。同時に梅明の門弟である和風亭国吉(わふうていくにきち)のもとに身を寄せて、日本橋魚河岸に店を置く塩物商いを手伝うようになる。

ややあってそこを離れ、麻布飯倉にある鰹節問屋の中川鰹節店に丁稚として正式に奉公する。喜八郎の働きぶりはきびきびとして抜け目がなかった。ほかの丁稚たちが寝ているあいだにも黙々とコヨリを撚(よ)り、それを小さく薄い畳状につくって鰹節を寝かせる寝床とした。節の型崩れを防ぐ工夫だった。それを知った主人は喜八郎の才覚を賞賛し、重用されるようになる。

このころ、越中国からでてきた一つ年下の男と知り合う。鰹節屋兼両替商でおなじく丁稚をしていたその男は、喜八郎とよく茶飯屋でいっしょにめしを食い、夢を語り合い、「善公」「喜八（きっぱ）」と呼び合う仲となった。

「おれはいつか大通りに両替屋を構えてみせる」

男はめしを掻きこみながら、喜八郎にきっぱりと宣言する。そしてのちにそれを実現してみせる。やがて明治になるとこの両替商安田屋は安田銀行と名を変える。四大財閥の一つ、安田財閥を築いた安田善次郎（やすだぜんじろう）がその男である[15]。大倉財閥と安田財閥の創始者はこうして丁稚のころから意気投合していたのだ。安田銀行は戦後になって富士銀行となり、のちに第一勧業銀行と統合してみずほ銀行となった。

そして鰹節問屋に入った六年後、喜八郎もまた、こつこつと貯めた百両[16]を元手にいよいよ独立して上野に乾物店大倉屋を開業した。ごく小さな店ではあったが、これが大商人・大倉喜八郎の出発点となる。

江戸で丁稚をしていたころ、幕末の日本を揺るがす大事件が起きた。ペリー提督率いる黒船船団の来航である。一八五三年七月八日（嘉永六年六月三日）、浦賀沖にやってきた四隻の船団は陸上からの砲撃に備えて砲門をつねに開き、いつでも攻撃できる態勢を整えていた。ペリーは大統領の国書を携えて開国を迫る。幕府はあたふたと対応策を協議するが、なす術なく国書を久里浜で受けとることになる。ペリー全権の船団はその翌年ふたたび来航し、貧しい漁村だった横浜に急ぎ設けられた応接所で日米和親条約を締結した。

噂で持ちきりの黒船をこの目でみてみたいと、喜八郎は急いで横浜に駆けつけたらしい。丁稚の身分で江戸から遠い横浜になぜ旅ができたのか定かではないのだが、とにかく、黒々とした巨大な軍艦を目撃して衝撃を受け、彼はこう直感したという。

「こういうものが日本にくるようになっては、きっと天下は一変するにちがいない。大きな戦(いくさ)が起きるかもしれない」

乾物店大倉屋を立ちあげて商売に打ちこむものの、そのときの印象が忘れられない喜八郎は、やがて乾物店を自ら廃業して、八丁堀にあった鉄砲商の大店・小泉屋鉄砲店の見習いとなり、四カ月間で商いの流れを学ぶ。朝六時には店にでて掃除をし、大名屋敷に鉄砲の御用聞きにいき、夜には主人から商売の話を聞いて、夜遅くに自宅に帰るという毎日だった。それからふたたび独立して、神田和泉橋に鉄砲店大倉屋を開業する。このとき小泉屋鉄砲店には「貴店の得意先とはいっさい商いをしない」という誓約書を提出する。

乾物店大倉屋が商人としての第一歩なら、この鉄砲店大倉屋は、軍を相手に政商としてのしあがっていく第一歩だった。

そしてこの商機を嗅ぎつける才能は、明治維新という内乱の時代を迎えて喜八郎を大実業家の道へと導いていく。開港した長崎や横浜、兵庫（神戸）からもたらされる洋式の性能のよい小銃や砲は、維新の動乱で急速に需要が高まり、やがて起きる戊辰戦争で勝敗を分ける決定的な武器となった。

鉄砲店大倉屋は官軍、旧幕府軍の双方にこれらの武器を納めて儲けを大きくしていく。あまりに注文が多かったので、大倉屋の店先には鉄砲の現物を置く余裕がなく、注文を受けてから横浜に駆けつけて現物を仕入れたという。ところが上野の山にたてこもっていた旧幕府側の彰義隊は、大倉屋が官軍にも鉄砲を売っていることを問題視し、喜八郎を上野寒松院（かんしょういん）の本営に連行して詰問する。すると彼は平然とこう返答するのだった。

「先方はその場で払ってくれます。商人として無視するわけにはまいりません」

払ってもらえるかどうかわからないツケではなく、現金払い。それが商人にとってどれほどありがたいことかを、喜八郎は必死で説いたのだろう。彰義隊の幹部は呆れてなにも返せなかったらしい。

そして喜八郎は解放された。その翌日、官軍は上野を総攻撃して彰義隊はあっというまに壊滅した。喜八郎はぎりぎりのところで九死に一生をえた。このエピソードは第二次大戦開戦前夜の一九三九年（昭和十四）四月、新橋演舞場で上演された前進座舞台「上野の戦争」のなかで演じられたこともあった。

それからは新政府軍の御用達となり、富国強兵の大波に乗って喜八郎はますます商売を太くしていく。鉄砲だけでなく、制服や軍靴など装備品を製造する会社、兵糧の製造会社などを立ちあげていった。たとえば軍靴などは、一般人が履く靴とちがって高い耐久性、防水性、防寒性が求められる。

喜八郎はとにかくそうした顧客ニーズを汲みあげて実現する能力に長けていた。喜八郎がときに武器商人、死の商人という負のイメージで語られるのは、そのようにして近代日本の軍制に深く食いこみ業容を急拡大していった商法のせいである。

さらに喜八郎は憑かれたように新事業を興していく。

一八七一年（明治四）には横浜弁天通に貿易商社を開設し、欧米の日用品輸入を手がける。店舗は大きな石造建築だった。その商売から洋装の需要拡大を直感した喜八郎は、つづいて日本橋本町に洋服裁縫店を設け、輸入に頼ることなく洋服の製造直販を展開する。店では外国人を雇って職工の指導にあたらせた。東京では男も女も洋風の生活様式に憧れを抱くようになっていたから、喜八郎の商売は爆発的に当たった。

翌年、銀座大火が起きて銀座をはじめとする広域が焼けたが、東京府による復興計画である銀座煉瓦街の建設工事では、土木工事部隊を急遽こしらえて工事の一部を受注した。

この組織がやがて鹿鳴館建設を手がける大倉組土木部門となり、さらに藤田伝三郎（ふじたでんざぶろう）の藤田組と合同して有限責任日本土木会社となって、帝国ホテルを建設した。

そのおなじ年には、海外の商業視察旅行に出発し、私費で米国とヨーロッパの主要都市を一年以上かけてまわる。政府派遣の岩倉使節団のいわば〝追っかけ〟だったわけだが、ロンドンとローマではその使節副使だった大久保利通（おおくぼとしみち）、木戸孝允（きどたかよし）、伊藤博文（いとうひろふみ）らと会って、殖産興業の大切さを熱く語り合った。このときの経験が財閥組成の原動力になったと、のちに喜八郎は回想している。

一八七三年（明治六）には、大倉財閥の母体ともいえる大倉組商会を銀座に設立して貿易と軍備調達事業に本腰を入れる。それからは台湾出兵、西南戦争、日清戦争、日露戦争と紛争・戦争が連続して起こり、商会はそのたびに大量の軍需品を納めて巨利を生みだしていく。翌年、大倉組商会は日本企業として初の海外拠点となったロンドン支店を設立する。息子の喜七郎はその支店を頼ってロンドンに留学し、カーレースや乗馬に熱中したのだった。

その後も大倉財閥の形成にまっしぐらに突き進んだ喜八郎だった。

古老となるまで僚友でありつづけ、ときに興業で協力し、ときにライバル意識を燃やし合った渋沢栄一と、彼より二つ年上の大倉喜八郎。二人はどこでどう出会い、どんなふうに互いを意識したのか。『渋沢栄一伝記資料　第二十九巻』（渋沢青淵記念財団竜門社編纂）の第五章「交遊」にそのくだりがでてくる。

最初の出会いは西南の役があった一八七七年（明治十）。渋沢は益田孝（ますだたかし）（三井物産、日経新聞の生みの親）とともに中国にわたり、長崎を経由して船で帰途についたのだが、その神戸にむかう船にたまたま乗り合わせていたのが喜八郎だった。初対面のこのとき、喜八郎は渋沢にこう告げたという。

「いま朝鮮が飢饉でたいへんだから、自分はコメを船に積んで救援にむかうつもりでいるのです」

その役目は、内務卿だった大久保利通の依頼に応えたものだった。喜八郎の大倉組は陸軍の用達を長年やっていたし、すでに他企業に先駆けて釜山に支店を開設していた。そんなことから救援米運搬で大倉組に白羽の矢が立ったのだ。前年の朝鮮は天候不順でコメがまったく収穫できず、大飢饉が発生して国情も不安になっていた。支援は急務だった。西南の役など内乱があいついで日本が騒然となるなか、政府の要請にだれも手をあげる者はいなかったが、喜八郎は颯爽とそれを請けた。仕事で九州にいた喜八郎は、大久保に電報で呼びだされてただちに京都にむかった。渋沢と初顔合わせしたのはその道すがらの船中だった。

「それはどうもご苦労なこと。なかなか危険な仕事ですな」

渋沢がそう返すと、喜八郎はきっぱりと答えた。

「国家のためにはこの身を殺すことになっても仕方がありません。一身を捨ててもこの仕事はやりとげなければならない」

その迷いのない言葉に、渋沢はいたく感心する。

――このひとは商人ながら尋常一様ではない。ただカネ儲けに腐心して他を顧みない商人とはちがう。

そして渋沢は、いま目のまえにいる相手は「日本の基礎を実業の世界からつくっていく」という自分の理念を共有できる人物だと直感する。京都で大久保から「陸軍船の玉浦丸を用意したので、それで救援米を運んでもらいたい」と告げられた喜八郎は、さっそくその船に大量のコメを積みこんで神戸から釜山にむかった。

この邂逅から、喜八郎と渋沢はたびたび顔を合わせるようになり、ますます意気投合していく。

「日本も外国とおなじように、実業というものをもっと重んじる気風にならなければいけない。実業は国の基本だ。実業によって国家は成り立ち、実業によって経済が大きくなり、それによって国力が増すのだ。日本という国は実業をあまりに軽視している。それはまったくまちがっている」

そう口角泡を飛ばす渋沢に、喜八郎もまた血気盛んに返す。

「まったくそのとおり。なんとかしてそういう気風を正していかなければならない。それこそがわれわれに与えられた使命だ」

政治家や官僚が国を支えるのではない、われわれ実業家が経済で支えていくのだ。そういう矜持がいわせた二人の言葉だった。渋沢はかつて大蔵省高官だったから「軽視する側」の人間だった。しかしこのときには上司の井上馨(いのうえかおる)とともに下野し、第一国立銀行頭取の座についていた。そして政府の側からではなく実業の側から新しい国家経済のあり方を模索し、やがて殖産興業の牽引役となっていった。

一方の喜八郎は、郷里をでるときに誓った「武士を超える存在になる」の思いを着々と実行に移し、旧武士階級である政府要人とも対等にわたり合えるほどの実力を身につけていた。国に頼らず、実業の世界から日本を大きくしていく。その渋沢の言葉に共鳴した喜八郎は、国内外にさまざまな会社を立ちあげていく。

この二人に益田孝、作家で東京日日新聞社長の福地源一郎(ふくちげんいちろう)が加わって「実業を太くしていく」ための東京商法会議所(のちの東京商業会議所→東京商工会議所)が設けられたのは一八七八年（明治十一）春のことだった。

嗣子・喜七郎の生き方

さて、こんどは喜七郎の人生である。

長男である喜七郎が生まれたのは一八八二年（明治十五）六月十六日だった。喜八郎が四十五歳のときだから、だいぶ遅い子である。この年、自由民権運動の指導者である板垣退助が暴漢に襲われる岐阜事件が起こり（四月）、喜七郎誕生の九日後に、喜八郎も多額の出資をした日本初の私鉄、東京馬車鉄道が新橋〜日本橋間で営業を開始した。

さらに喜八郎が渋沢栄一とともに設立を主導した東京電燈（現在の東京電力）が設立事務所を銀座の大倉組事務所内に設置（七月）、それまでのガス灯に代わる日本初のアーク灯が事務所まえに宣伝目的で灯され、真昼のようだと話題になって大勢の見物客が毎夜集った。翌八三年七月には、大倉組土木部が建設を請け負った鹿鳴館が完成した。

財界で急速に存在感を増す喜八郎とその大倉組が、財閥の形成にむかって突き進んでいた時代。そのころに喜七郎は赤坂葵町の大倉家大邸宅に生を受けたのである。父喜八郎はまさに八面六臂という体で、ようやく儲けた長男がかわいくて仕方なかったはずだが、ゆっくり抱いてあやす時間もなかっただろう。

喜七郎が生まれた五年後には、父親は大阪の藤田伝三郎とともに有限責任日本土木会社を設立する。そしてこの会社は帝国ホテル、東京電燈本社、日本銀行、歌舞伎座などの建設を請け負っていく。喜八郎は帝国ホテルで渋沢とともに理事となり、のちに第二代会長となる。さらに東京瓦斯、東京水道といった社会インフラ企業の設立にもかかわっていく。

父親の顔をみることはあまりなかったが、子守や大勢の女中に囲まれてなに不自由なく育った喜七郎少年は、まずは学習院に入り、英語習得のために正則英語学校、さらに慶応大学と進んだ。それから成人してケンブリッジ大学に留学したときのことは、冒頭に記したとおり。このあいだずっと、御曹司は庶民生活とおよそかけ離れた世界に暮らしていたのである。

英国からの帰国後、喜七郎はすぐに大倉組の重役となったが、雑誌『実業少年』（一九〇八年十月号）で「一日の欠勤もなく、よく勉めてよく働いている」と持ちあげられた。二十六歳になった立派な大人を登場させる雑誌タイトルが「実業少年」というのはちょっと違和感があるが、この時代には「実業家の跡取り」というほどの意味だったのだろう。

博文館発行の同誌は『明治事物起源』などの著作で知られる石井研堂（いしいけんどう）が編集発行人を務めていて、「当世実業家の息子づくし」という特集記事も人気記事となり、そのなかでも喜七郎のことが紹介されている。

一九〇八年の九月。喜七郎は、前記した猪苗代湖畔の有栖川宮御別邸を訪ねる自動車旅行をおこなう。旅行に同行した『時事新報』記者・竹内生は、帰京後の九月十三日から二十三日までの七回にわたって克明な同行記事を紙面に連載しているのだが、これがなかなかおもしろい。つぎはその要約。

九月六日の朝七時、竹内記者が赤坂葵町の大倉邸に出向くと、すでに喜七郎は四十五馬力オープンカーのフィアット車のかたわらにいて、出発の準備に余念がなかった。喜七郎がハンドルを握り、東京自動車製作所所長の吉田真太郎が助手席に、竹内と喜七郎秘書が後部座席に座って、いよいよ大倉邸を出発となった。

千住街道が青物市で混雑しているからと、とりあえず中山道にでて大宮、岩槻を抜け、利根川を渡し船でわたった。砂礫を巻きあげて疾走する自動車に驚いた人々は往来を走りまわり、馬はいななき、犬は吠え、鶏はけたたましく鳴いた。そうして宇都宮に到着したが、その先の鬼怒川に架かる道路橋はないのでやむなく対岸の宝積寺駅まで貨車でクルマを運んだ。

クルマは快調に走ったが、那須郡野崎村の箒川（ほうき）までたどりついたところ、前月の出水で橋が流失していて通れないことがわかり、一行は途方に暮れた。二、三十人の野次馬が集まってきた。そのなかの分別顔をした男がこういった。

「一里半ほど迂回して佐久山町（現大田原市佐久山）にいけば橋があるから、そこから大田原、西那須にでるがよかろう」

それを聞いた喜七郎はすかさず、

「相当の礼をするからこのクルマに乗って案内をしてくれ」

男は佐久山まで案内することになったが、はじめて目にした自動車に乗ることができて礼金までもらえるというのですっかり有頂天になり、頼まれもしないのに西那須まで同行して一行をおかしがらせた。

やがてクルマは那須塩原から山間にわけ入ったが、英国のレースで二位となった喜七郎の運転技術がいよいよ本領を発揮し、箒川に沿った崖道を時速四五マイル（七二キロ）の高速で駆け抜け、同乗者たちを怖がらせた。

一泊した翌日、塩原の関谷からは野原を貫く道の状態がよかったので、喜七郎は「試しに全速力をだしてみよう」と提案し、フィアットの最高速度である時速六〇マイル（九七キロ）で激走するのだった。竹内記者はそのときの心象を連載記事にこう記している（カッコ内は筆者注）。

「前日の四五マイルでもずいぶんはやいと思ったが、また一五マイル増そうというのだ。どんな具合かと予は半ば危ぶみながら用意の塵除け眼鏡（ゴーグル）をかけ帽子を被りなおそうとするとたんに、車はすでに全速力をだして疾風迅雷の勢いで突進する。たちまち帽子を吹き飛ばされてハッと思うまに四十五丁（約四・五キロ）をすぎたのをあとへ引き返してもらって、かろうじて（帽子を）拾いとった」

そうして須賀川をすぎて郡山に近いところまでやってきたとき、フィアットの調子が突然おかしくなる。竹内記者は書く。

「あまりに犬や猫や鳥を驚かせたので天の咎めを受けたものか、機関の調子狂って速力は意のごとくにならない。（中略）自動車の前面空気孔の開きある金板（グリルのこと）の前面には蝶や虻やその他名も知らぬ虫がその気腔に首を突っこんで死んでいるが、触ってみればいずれも固着していて離れない。どうしたわけかと考えてみれば、先刻、塩原からでて六〇マイルの速力で駆走したときは、飛んでいた虫どもが空気の圧迫を受けて固着死亡したのだ」

虫の死骸をとりのぞき、修理に二十五分を費やしたのちクルマは出発する。修理の甲斐あって調子はよかった。道路は途中で線路と並走することになり、列車がみえたので、喜七郎がまた「走りくらべをしよう」といいだした。あっというまに列車に追いついたものの、それはスピードをださない貨車だったので一行は拍子抜けした。

郡山をすぎて若松街道にわけ入ると、田畑に働く住民たちはまったく自動車などみたことがないので「怪物が走っている」と大騒ぎの連続だった。そうしてやがて猪苗代湖がみえてきて、湖北端にある有栖川宮御別邸に到着した。

到着してから、先に別邸に入っていた有栖川宮威仁親王、伊藤博文、大韓帝国皇太子の李垠（りぎん）（昌徳宮李王垠）と面会し、喜七郎はその全員を乗せて猪苗代湖周辺をドライブしている。そのさいに撮った写真は喜七郎終生の自慢だったという。

旅行後には『実業少年』記者の取材に対して「日本ではやっとこのごろ、ぼつぼつ自動車を使用する者がみえてき、東京だけでも四十台はあるだろう。そのなかで一番良いのは私の持っている車だ。一時間四〇マイルは楽に走ることができる」（同誌一九〇九年一月号）と所有するフィアット車をおおいに自慢している。

一九〇七年（明治四十）九月、喜七郎は結婚する。

相手は旧新発田藩主の東京府華族（伯爵）・溝口直正（みぞぐちなおまさ）の二女久美子（くみこ）で、媒酌人は、総理大臣を辞したのち初代韓国監となっていた伊藤博文夫妻だった。披露宴は赤坂葵町の大倉邸で盛大におこなわれた。伊藤が中国ハルビンで朝鮮独立運動家の安重根（あんじゅうこん）に狙撃され死亡したのは、その二年後のことだった。

ささいな咎で学友の家を家業差し止めにし、それが発火点となって喜八郎に大商人になることを決意させた、あの新発田藩旧藩主の娘。因縁を感じるが、喜八郎が周到に手まわしして「本懐」を遂げたというところだろうか。溝口直正は、廃藩置県によって知藩事職を解かれて東京の巣鴨に移り住んだが、そのころから家運が傾きはじめ、伝来の家宝を切り売りして生計の足しにするようになっていた。華族の身に訪れた没落だった。

一方の喜八郎はいよいよ財閥の勢いを伸ばし、従五位となり貴族の仲間入りをはたしていたから、もうお殿さまと平民の関係でないだけでなく、むしろ立場は逆転していた。そして喜八郎は、直正に対し二度にわたって財産保全のために自分の会社に投資するよう呼びかけたが、直正はそれを完全に無視した。なお喜七郎結婚の八年後、喜八郎には「国家ニ勲功アル者」として男爵の爵位が与えられている。

喜七郎が財閥の事業に本格的にかかわりだしたのは一九一一年（明治四十四）、三十歳になってからだ。この年の十一月に旧大倉組傘下の商事部門、鉱業部門、大倉土木組が合併し、新たに株式会社大倉組が設立された。彼はこれに合わせて取締役に就任している。そしてこのころから囲碁界との結びつきが強まり、私費を投じての日本棋院設立（一九二四年）にやがて結びついていく。

一九一四年（大正三）には九月から二カ月間、大倉組・鉱山部長の肩書で中国国内を調査旅行した。その結論として江西省楽平のマンガン鉱、湖南省常寧の銅鉱、揚子江沿岸の鉄鉱および炭鉱などが有望であるとする「支那鉱山に関する意見書」をまとめた。

「この探鉱事業をぜひやってみたいのですが」

父親にそう提案したところ、

「自信はあるのか。あるならやってみるがいい」

そういわれたので、さっそく事業化に着手した。ところが二年ほどかけた探鉱作業は実を結ばず、百万円（現在の価値にして約一億五千万円ほど）の損失をだす結果となってしまった。喜七郎はのちに、そのときのことをこんなふうに自戒をこめて、ユーモアたっぷりに振りかえっている。

一六インチ砲の巨弾で（父から）攻撃されるかと思っていたら、「智慧（ちえ）ありと思ふは足らぬ智慧袋なしと悟りて研（みが）け智識（ちしき）を」の墨痕も鮮やかな狂歌が届けられた。それならば返歌をと思い、「智慧出せば何日（いつ）も損して小言くふ出さぬは出すに優る智慧かな」と書いたところ、大倉粂馬（おおくらくめま）（婿養子の義兄）、門野重九郎（大倉組大番頭）が下の句は喜八郎に通じないといい、「出さねば馬鹿と又小言くふ」に訂正させられた（カッコ内筆者注）[17]。

父親終生の趣味の狂歌による叱咤に対して、息子も拙い返歌で応じる。ときに経営方針をめぐって激情をぶつけ合った親子だが、こんなおかしくも微笑ましい場面もあったのである。

なお喜七郎による探鉱事業での損失は最終的に二百万円ほどに達し、いよいよ喜八郎の強烈な怒りを買うことになった。それで喜七郎はノイローゼになってしまった。療養のために伊豆に旅をしたのだが、そのさいにみつけたのが川奈の土地だった。彼の頭のなかで乗馬のための牧場をつくる夢がどんどん膨らんでいった。

無骨な容貌の父とちがって母親（徳子）に似た端正な顔つきの喜七郎は、とにかく女性にもてた。芸妓をあげての宴はとにかく派手で、大倉雄二の『男爵』には、つぎのような逸話が記されている。

川奈の開発が動きはじめたころ（一九三四年ごろか）のこと。喜七郎は、おなじ財閥二代目として気の合う浅野泰治郎（あさのたいじろう）（浅野財閥創始者・浅野総一郎の長男）といっしょに伊豆の下田にやってきた。川奈の土地を購入して以来、伊豆は喜七郎のお気に入りの場所となっていた。

> 温泉街の芸者衆を総揚げにした翌朝、東京行きの船の出る岸壁に来てみると、昨夜の連中が華やかに総出で見送りに来ていた。
>
> 小さな町だった下田に浅野、大倉財閥の二世が来て豪遊したとなれば、ほって置くはずはない。昨夜、どのくらいの金がばらまかれたのか。
>
> 嬌声に送られて新造船に乗り込もうとする二人に「ねえバロン、東京までこのままお供させて頂けないかしら。ねえ、いいでしょう」と若いのが言い出したのが始まりで、「あたしも」「あたしも」と賑やかになった。
>
> どっちが先に言い出したのか、「おおい、みんな乗れ乗れ。いいから早く乗っちまえ」と、そこは財閥二世の二人組、おおらかさに輪をかけて十人だか二十人だかを船に乗せてしまい、その夜は東京で一泊、翌日は東京見物に歌舞伎座で観劇、もう一晩泊め

て土産を持たせて帰したという。

当時は熱海から先にまだ鉄道が開通しておらず、東京方面と伊豆とのあいだは船便を使うほうが便利だった。その東京にもどる船に見送りにきた芸者衆を酔狂で乗せてしまい、東京での滞在のめんどうまでみてしまう。喜七郎たちの豪遊ぶりがわかる愉快な逸話だが、これはあくまで雄二による「聞き書き」であり、どこまでが事実なのか、疑問の残るところだ。

ホテル事業への執着

父親が築いた財閥の既存企業にはそれほど興味を持つことがなく、思いつきで新しい事業に手をだして失敗することもあった喜七郎だが、おおいに執着する事業が一つあった。それがホテルである。

喜七郎は、父喜八郎が第二代会長（初代会長は渋沢栄一）を務めた帝国ホテルで、その後継として第三代会長を務め、一九二三年に社長制が導入されてからは初代社長となった。自らは川奈ホテル・ゴルフコースをつくり、高地リゾートの草分けである上高地帝国ホテル、スキーリゾートの嚆矢である赤倉観光ホテルもつくった。さらに新大阪ホテル（ロイヤルホテル→リーガロイヤルホテルの前身）、名古屋観光ホテルの設立にも関与した。

社交の場としてのホテルの存在意義を、彼はケンブリッジ留学中に目のあたりにして肌で感じていたはずである。英国貴族の子弟たちとの交遊ではたびたびロンドンの最高級ホテルに足を踏み入れて、ボールルームでのパーティーやレストランでの会食を楽しんだことだろう。

喜七郎にとってのホテルとは、商売をあまり意味しない。それはまず社交の空間であり、自分の趣味性を満足させるための場であり、財界や一般社会に自分の威光を示すための装置だった。だから、本人のそういう意向のままに施設をつくってしまっては経営が成り立たないことは目にみえている。大倉組の重役たちは、事業可能性のなんたるかを彼にこんこんと説き、必死で軌道修正を図るのだった。

それ以前に、喜七郎の行動パターンのつねとして、地方自治体の長などからホテル開発の要請を受けたりするとすぐに安請け合いしてしまうのである。そしてそこから先は部下に「よろしくやってくれたまえ」と投げて寄こすのだが、自治体や出資者との折衝、事業計画立案に奮闘したのが、喜七郎社長の下で帝国ホテル取締役支配人を務めていた犬丸徹三だった。

のちに帝国ホテルグループ入りする上高地以外は、あくまで大倉財閥もしくは喜七郎の縁故から誕生したものであって、帝国ホテルとは関係のない事業だ。にもかかわらず、海外でのホテル経験も豊富で運営実務に詳しい犬丸を、大倉組や喜七郎はまるで自社の顧問コンサルタントのように使うのである。犬丸の自叙伝『ホテルと共に七十年』にそうしたやりとりの詳細がときにユーモラスに、ときに自虐的な筆致で記されている。それらのホテルの誕生エピソードを紹介する。

まずは新大阪ホテル。

大阪・中之島で一九三五年（昭和十）一月に開業した新大阪ホテルは、現在のリーガロイヤルホテル（旧ロイヤルホテル）の前身である。それ以前、大阪でまともなホテルは今橋にあった大阪ホテル（旧今橋ホテル）しかなかった。これはルーツをたどれば、オランダ出島での料理修業ののち幕末長崎に活躍した本格西洋料理人、草野丈吉（くさのじょうきち）が川口外国人居留地（現大阪市西区）に設けた自由亭ホテルにいきつくというものである。

そこで大阪府と市、地元財界は新たな高級ホテルの建設を考え、住友財閥などと出資交渉をしていたのだが、住友の反応は鈍くいっこうに構想は進展しなかった。困った力石（ちからいし）雄一郎（ゆういちろう）大阪府知事が喜七郎に相談したところ、喜七郎は「検討しよう」と安請け合いした。

「さっそく大阪の連中と会って、話を詰めてくれないか」

犬丸徹三を呼んだ喜七郎は、そう指示した。

キツネにつままれたような思いを抱きながら、しかし社長に逆らうこともできない犬丸は、まず知事に会い、大阪市長に会い、大阪商工会議所会頭と会う。さらに新ホテル不要論まで唱えて出資にまったく応じようとしない住友合資の責任者と折衝を重ねる。

その甲斐あって、なんとか話はまえに進む。新ホテル建設用地を中之島にある倉庫用地と定めて施設概要書と経営計画書を作成し、粘ったすえにどうにか住友の出資合意をとりつけることができた。

ちなみに当時の中之島はまだ中洲然としていて、夏は蚊に悩まされるようなところだった。隣には朝日新聞社の社屋があって夜間に輪転機がまわる音が響いていたから、ホテルの立地条件としてあまり好ましいものではなかった。

この過程で喜七郎がやったことといえば、犬丸に大阪府知事などに会って話を詰めろと命じたこと、なかなか出資に応じない住友に対して、住友家十六代当主の住友友成（すみとももともなり）に東京から電話を一本入れて、よろしくと頼みこんだことくらいである。

ホテルの開発でも、自分の趣味性に合わない都市型ホテルの案件であればあまり深入りはせず、あとはよしなにと部下に投げてよこす、それが喜七郎流である。

つぎに上高地帝国ホテル。

一九三三年（昭和八）十月開業のこのホテル（開業当初の名称は上高地ホテル）は北アルプス穂高連峰の麓、標高一五〇〇メートルの地に建設されたのだが、それ以前には、ひなびた湯治場があるだけでまともな道路も通じていない秘境といえる場所だった。

しかし一帯で中部山岳国立公園指定の期待が高まっていたこと、一九二七年に大阪毎日新聞と東京日日新聞が実施した日本の代表的美景を選ぶ「新日本八景」に選ばれたことなどから、地元観光業界では外国人旅行者対象のリゾートホテル誘致が叫ばれるようになり、当時の石垣倉治（いしがきくらじ）長野県知事もそれを政策に掲げていた。

この時代は政府も国際観光振興の目的から、外国人旅行者用のホテルを各地に建設するようあと押ししていたのである。そんなさなか、長野を旅行した喜七郎がたまたま石垣知事と面会した。知事はこの機をとらえ、帝国ホテル社長にむかって「上高地の地にもぜひとも外国人用のホテルを」と話を持ちかけたのだった。喜七郎は例によって熟考することなくそれを内諾する。彼は北アルプスに何度も登るほど山好きでもあったので、これは自分がやるしかない仕事と発奮したのだろう。

「これまでに日本になかったホテルだ。ぜひとも実現したい」

犬丸を呼びつけた喜七郎は、いつものように無邪気だった。

「新大阪ホテルの建設にさいし、力石大阪府知事との、ただ一度の会談において、その計画を諒承した経緯とまったく同じで、財界の御曹子の面目躍如たるものがあった」

犬丸は『ホテルと共に七十年』にそう皮肉をこめて、このときのことを書いている。

事業形態としては、ホテルと敷地は長野県が所有し、帝国ホテルがその建設計画を遂行したうえで完成後に賃借経営するというものだった。道路らしい道路もなかったが、これについてはホテルのための道路を県がつけるという条件で落着した。とはいえ、標高一五〇〇メートルの厳冬の地だから、道路をつけたところで半年間は積雪で通行止めとなり、そのあいだホテルは営業できない。

そのことを知った犬丸はかぶりを振るしかない。

「やはり、半年の営業では経営が成り立つはずがない。無理に決まっている」

だが、そうはいっても、すでに社長が県に対して事業を内諾してしまったことは動かしようがない。地元の期待もどんどん膨らんでいる。いまさら引くことはできないだろう。

犬丸は、政府国際観光局のホテル委員会委員、長野運輸事務所長らとともに現地調査にむかう。その結果、やはり事業はどうやっても困難と判断するものの、これは採算度外視でもやるしかないと腹をくくった。

木造四階建て（現在は鉄筋コンクリート造）のスイス山小屋風のホテル建設は、大倉土木（大成建設の前身）から人員が派遣されての帝国ホテル直営による工事で進められたが、大蔵省からの融資実行[18]が遅れたために、五月下旬起工、十月初旬竣工と四カ月強の短期間で建てなければならなかった。十月も中旬になると降雪がはじまるので、それを越せば翌年春まで工事は持ち越しとなってしまう。まさに突貫工事だった。設計はこのあと川奈ホテル、さらに帝国ホテル三代目本館を手がける高橋貞太郎（たかはしていたろう）が担当した。

約三百人が出席した十月五日の開業披露宴当日、上高地一帯は雲一片ない快晴となった。蒼空の下、北アルプスの山塊とホテルの赤い三角屋根がみごとな調和をみせていた、と犬丸は書き残している。いまでこそ人気絶大で予約困難なリゾートホテルの代表格となっている上高地帝国ホテルだが、開業からしばらくは経営不振に苦しみ、帝国ホテル本体の足を引っぱることになったのである。

それから赤倉観光ホテル。

新潟県・妙高高原の標高一〇〇〇メートルの地に一九三七年（昭和十二）に開業したこのホテルは、日本のスキーリゾートの草分け的存在である。

犬丸によれば、一九四〇年の東京オリンピック開催が決まったことで、冬季オリンピックも同年開催（当時は夏季・冬季大会がセット開催だった）となり、妙高高原もしくは長野の志賀高原がスキー会場となるだろうという憶測が巷間流れた。そして妙高で外国人旅行者を誘致できるようなリゾートホテルの建設の必要性が叫ばれることになった。

結局、東京オリンピックは日中戦争激化で三八年に開催権返上となって白紙となり、冬季大会も同時に消滅するのだが、それでもホテル誘致の声は勢いを増していった。自身もスキーをやる喜七郎は妙高温泉の老舗旅館・加島屋を定宿としていて、豪勢にも京都祇園の芸者たちをわざわざ呼びよせてスキー講習会なるものを開いたりしていた[19]のだが、地元有志たちからホテル誘致の相談を受けると、例によって簡単にゴーサインを下すのだった。

その処理のため、大倉組副頭取（つまり頭取の喜七郎に次ぐ役職）の門野重九郎から犬丸に具体案を検討するよう依頼がくる。犬丸としては「妙高のような辺鄙（へんぴ）な土地にホテルを設けても、とても採算がとれない」と意見をするのだが、つぎに紹介する川奈の開発ではかなり慎重姿勢だった重鎮の門野が、この妙高の件では最初から積極的だった。その理由を犬丸は著作のなかで「喜八郎翁の郷里である新潟県だからではないか」と推察している。

やがて妙高からの陳情団一行が上京してきて、犬丸と面会し「敷地六万坪を無償提供するので、ぜひホテルを建てていただきたい」と提案した。無償提供ではのちのち禍根を残すことになると案じた犬丸は、その土地代が一万円程度と聞いて「それならば購入する」といったが、相手は「いや提供させていただく」と押し問答になった。

結局、それとはべつの官有地十万坪を購入することになるのだが、候補地は最初三つあった。妙高温泉推奨の「名香山村の田口山（現在の赤倉ゴルフコースの近く）」、赤倉温泉推奨の「久邇宮（くにのみや）別邸付近」、燕温泉および関温泉が推奨する「能堂山」である。意見集約の結果、田口山に最終候補地は絞られたが、この段階になって喜七郎がいきなり現地に顔をだす。そして、

「標高が低すぎる。こんなところは東京から二時間も汽車に乗ればざらにある。標高三千尺（一〇〇〇メートル強）以上の場所でないと駄目だ」

最終候補地案をあっさりと却下するのだった[20]。

そうして鶴の一声で現在の地に落ちついたのである。犬丸にしてみれば「それなら最初から主導権を持って決めてくれればいいものを」といいたかったことだろう。最終案を一存でひっくり返す経営者はよくいて、それが事業計画を困難にすることがある。しかし標高三千尺を確保したおかげですばらしいパノラマ景観が大評判となったのだから、やはり喜七郎の判断は正しかったといわざるをえない。

信越の山々のパノラマビューを堪能できる絶景の地に完成したヨーロッパアルプス調の

ホテルは、大きな暖炉のある赤絨毯が敷かれたロビー、格調高い家具類が特徴で、外国人旅行者にも存分に訴求できるだけの質感とサービスを備えた。ホテルの建物をでるとすぐにゲレンデという、スキー場一体型リゾートホテルのはしりでもある。それから日本を代表するスキーリゾートとなり、麓にはゴルフ場も設けて通年型のリゾートとなった。

この建物は一九六五年（昭和四十）に全焼、一年後にもとの意匠を忠実に再現して再建された。七二年に開催された札幌オリンピックで盛りあがったスキーブームに押されて客足が一気に伸びた。それから長いときを経た二〇〇八年、経営は別企業に引き継がれて本館が全面リニューアルされ、雄大な山並みを一望できる大型露天風呂や、水盤に浮かぶような設計としたレストランが設けられた。ホテルのある一帯は二〇一五年になって妙高戸隠連山国立公園に指定されている。

語り草となった川奈開発

そして赤倉観光ホテルに先立って開業した、川奈ホテル・ゴルフコース。

このリゾートについても帝国ホテルと直接関係がなく、あくまで大倉グループの一事業なのだが、ここでも犬丸がホテルの経営計画立案に駆りだされることになる。一九二七年

（昭和二）のある日、犬丸のもとに父喜八郎の秘書から一本の電話が入る。

「伊豆の川奈に、頭取（喜七郎のこと）がポケットマネーで購入した六十万坪の土地がある。頭取はここを乗馬のリゾートとして開発する案を描いていて、すでに開墾費用などかなりの額を投下している。このことが喜八郎翁の耳に入って好ましくない状況となっている。ついては、貴殿に事業可能性の実地検分をお願いしたい。またホテル建設が妥当と判断されるならばその計画素案の作成もお願いしたい」

電話の内容はそういうものだった。

九十歳をすぎて、すでに財閥総帥の地位を喜七郎に譲り一線を退いた喜八郎だったが、さすがにそうした息子の無謀な事業プランを耳にしてしまっては、ゆっくり隠居生活もしていられない。秘書に命じて計画の妥当性を判断するべく動いたのだった。

帝国ホテル・ライト館のスイートを執務別室にあて、そこに知人を呼んでパーティーをたびたび催している息子は、当初ここに英国風の牧場を設ける構想を描いていた。英国留学時代に乗馬に入れこんでいた喜七郎による、それは個人的嗜好を満足させるための構想だった。

喜七郎が川奈の土地をはじめて購入したのは大正のはじめごろだった。中国での探鉱事業に失敗して合計二百万円ほどの損失をだして喜八郎にこっぴどく叱られ、ノイローゼとなった。その療養のため伊豆を旅行している最中に、海に突きだすように広がる川奈の半島の風光明媚に魅了された。

一面草がぼうぼうと生えた、溶岩地質で水の確保もできない土地だったが、彼はすぐに坪四十銭で六十万坪を購入した。

「あんな使いみちのない不毛な土地を買って、いったいどうしようというのだろう」

地元の人間からはそんなふうに陰口を叩かれたらしい。英国式の牧場という構想について喜七郎は、自身が川奈開発を振りかえって書いた私文「川奈の生い立ち」のなかでつぎのように説明している。

> イギリス滞在八年の間に、たまたま友人の「カントリー・エステート」を訪問してその田園生活に接し、全く目を見はる思いがいたしました。広大な緑の牧場、放牧された馬や牛、羊などがのんびり草をはみ、樹々には小鳥が囀（さえず）るというまことに平和そのものの情景にふれ、本当に心が洗われる思いがしたものであります。そこで私は、やがて日本に帰ったら、自分もこういう「カントリー・エステート」というか、牧場を作ってやろうと心に決めたのであります。

じつに呑気でのどかな夢である。この一文からも、はなから儲けるための事業としては考えていなかったことが察せられる。

喜七郎の馬好きは母親譲りだった。

母親の徳子（旧姓・持田）は一八七五年（明治八）に喜八郎と結婚したが、日本橋橘町の実家にいた娘時代、上野不忍池でよく騎乗をたしなんだ。当時は不忍池を周回する競馬場があって、競馬開催のないときは乗馬をすることができた。あるとき、そこで颯爽と馬を操るまだ十七歳の活発な娘を、二十も齢のちがう喜八郎が目のあたりにした。そして一目惚れしたのである。

喜八郎は、徳子の両親に直談判して彼女を妻に迎えた。台湾や朝鮮、九州の地などを転々としてひたすら事業に打ちこんできた喜八郎の、三十九歳での遅い初婚だった。のちに夫婦で北海道を旅したときも、馬を用意させて北の大地を駆けめぐったというから、徳子の馬好きは筋金入りである。心配になった喜八郎は馬に乗れないので、慌てて馬車を用意させてあとを追ったらしい。

そのころ喜八郎は、現在のサッポロビールのルーツとなる札幌麦酒会社を渋沢栄一らとともにつくり、需要が急増するビール事業の盟主となるべく現地で社員を鼓舞することもたびたびだった。

明治政府の大号令によって設立された開拓使は、一八八六年（明治十九）になって北海道庁として改編され、開拓使が司っていた麦酒醸造所は払い下げられることになった。それにいちはやく反応して引き受けたのが喜八郎だった。徳子と喜八郎の、馬と馬車による追い駆けっこが繰り広げられたのはそのころのことと思われる。

牧場をという喜七郎の構想はしかしすぐに実現することはなく、川奈の土地は長らく休眠資産となっていた。それが、犬丸が大倉組から電話をもらったころから喜七郎のなかで「乗馬のためのリゾート＋テニスクラブ」という事業プランへと転化し膨張していく。

しかし戦前の日本で乗馬を趣味とする人口は限られていただろうから、市場性はあまりにも小さい。にもかかわらず喜七郎は現地で嬉々として馬にまたがり、広大な敷地をどう利用するかの検分作業に連日打ちこむのだった。

頭のなかでは、ロンドン郊外の貴族たちが集う優雅な乗馬リゾートというところがモデルとして描かれていたのだろう。大正のはじめにまとめて土地を買ったそのあとも、彼は少しずつ土地を買い足していた。

帝国ホテルの犬丸は、その土地が伊東の先にある道路もろくについていない場所と聞いて、まったく気乗りがしなかったが、大倉組の依頼を受けて仕方なく川奈の地を調査のため訪れる。道路がないので、伊東で馬を借りて半日ほどかけて現地を検分した。

その結果、訪れるまえにはかなり否定的なイメージを持っていた犬丸だったが、風光明媚な土地柄に好印象を抱き、リゾート建設の可能性ありと判断するに至った。そしてその旨の報告書とホテルの事業素案を大倉組に提出した。

だが、大倉組の重役たちは喜七郎の構想に真っ向から異を唱えた。「日本でリゾートをやるなら、乗馬やテニスだけでは絶対に無理です」と頭取に説き、大倉組土木技師の熊谷(くまがい)直道(なおみち)は「一部をゴルフ場にしようではありませんか」と提案した。

英国流スポーツならなんでもの喜七郎だったが、この当時はゴルフをやらなかったのであまり気乗りしなかった。しかし周囲の強い声に押されて仕方なく「一部をゴルフ場に」の変更案を呑むことにした。

造成開始から一年ほどして、ゴルフコース整備終了という報告が喜七郎のもとにあげられた。乗馬とゴルフのハイブリッド型リゾートの景観を頭に描きながら、楽しみに、久しぶりに川奈の地を訪れた彼は、そこであっと驚く。

そこにひらけているのは、緑の牧場ならぬ緑のゴルフコースのみなのであります。私の夢であった牧場は、どこを探そうと影も形もありません。それには私もびっくりし、責任者を呼んで話をききますと、「土地の全部が牧場に不向きでありましたので、ゴル

フ場にさせていただきました」とケロリとして答え、さすがの私も呆れて二の句がつげませんでした。（「川奈の生い立ち」より）

喜八郎翁からつねに息子の投資行動に注意を払うよう厳命されていた大倉組幹部たちと喜七郎との関係性がよくわかる、コメディのような一文である。幹部たちのその判断は正解だった。もとより川奈の台地は粗い溶岩地質で、馬を走らせるにはリスクのある不向きな土地である。もし当初の構想どおり「乗馬のためのリゾート」としていたならば、開業からほどなく経営は破綻していただろう。

こうして一九二八年（昭和三）六月、僧侶が本業というユニークなゴルフコース設計者である大谷光明（おおたにこうみょう）の設計によって、まず相模湾を望む大島コースが完成した。土地取得費（既存分）と造成費用は総計で百五十三万円だった。溶岩地質の改良のため、半島の下に専用埠頭を仮設し、船で大量の用土を運びこんでの造成工事だった。またゴルフ場から民家や鉄道施設が目に入っては雰囲気が台無しになるからと、裏山までも買い入れての開発だった。

中国での探鉱事業で被った巨額損失に近い金額を、また怪しげな事業に注ぎこむ投資。その前年、老いて家督を息子に譲った父喜八郎だったが、死ぬに死ねないという心中だっただろう。喜八郎の心配のたねはこれだけではなかった。息子はこのころ、内蒙古の地に一千万町歩というとんでもない規模の牧場を経営する夢も温めていた。

> わたしがいま経営している水田事業もあまりおもしろくないので中止しようかと思っている。その代わりに内蒙古地方の大平原一千万町歩を開拓して大牧場を経営してやろうと目下、その具体案について講究しているが、なにぶんいまのところは試験中にありこれが成績如何によっては断然、完成の肚（はら）だけは決めている（『満州日報』一九三二年三月五日付記事）。

これは、大倉組が遼寧省本渓湖に設けた清との合弁炭鉱会社、本渓湖煤鉄公司での総会からの帰途、取材にやってきた『満州日報』記者に自慢げに語った内容だ。満州での水田事業に自分はあまり興味が持てないので、内蒙古での牧場経営をなんとしても実現したいという抱負である。

一千万町歩はおよそ一〇万平方キロメートル。北海道全体（約八万三千四百平方キロメートル）よりもさらに大きいという規模の壮大な構想である。しかし大倉財閥にとっては幸運なことに、結局この構想は実現しなかった。着手していればまた、どれだけの損失をだしていたことか。

大島コースの開業でとりあえずゴルフコースの体裁が整った川奈だったが、東京からの交通の便はよくなかった。国鉄伊東線（熱海〜伊東間）が開業するのは一九三五年で、それまでは熱海から延々とクルマを走らせなければならなかった。そのために来客数は少なく、ゴルフクラブは毎年数万円ずつの営業赤字を計上していくことになる。

増築以前の川奈ホテル（川奈ホテル提供）

さらに喜七郎を困らせることが起きる。三三年になって静岡県がゴルフコース利用者に対して「一人一円」の地方税（贅沢税）を課す条例案を県議会に上程したのである。昭和初期の一円は現価で六〜八百円程度。喜七郎の日ごろの贅沢にくらべれば騒ぐほどの金額ではなさそうだが、彼は「ゴルフは贅沢な遊びではなく、健全なスポーツだ。それに課税するとはなにごとか」と激怒し、三四年二月にあてつけがましく「お別れトーナメント」

を開催したのち、クラブを完全閉鎖してしまったのである。

　これに対して静岡県側は税率を「一人五十銭に引き下げる」と妥協したり、クラブ閉鎖決定に対しては「単なる金持ちのわがままではないか」と反論したりしたのだが、政府が仲介に乗りだした結果、静岡県が折れて課税条例案は廃案となった。

　四カ月半にわたった閉鎖は解かれて、コースにまたゴルファーたちの姿がもどってきた。そして一九三六年になってついに、富士山を望む富士コースと南欧調のホテル建物が開業した。ホテルは三階建てで六十二室の規模だった（八〇年代後半に増築されて百室）。この前年には伊東線が開業したので、川奈への交通利便性も格段によくなった。ホテルの内装デザインを担当したのは、帝国ホテル・ライト館、赤倉観光ホテルも手がけた繁岡鑒一だった。

　富士コースの設計は英国の名設計者であるチャールズ・アリソンだった。コース設計料は一万円と高額だったが、喜七郎は躊躇なく支払った。だがその甲斐あって、大島コースと富士コースからなるダイナミックで風光明媚なチャンピオンコースは話題を集め、多くのゴルファーが川奈に詰めかけた。犬丸は川奈ホテルの取締役を兼務することになった。

　喜七郎が説き伏せて引っぱりこんだのである。こんな逸話も残る。

　伊豆急行線の開発当時、伊豆急行の親会社である東急グループ総帥の五島慶太は、喜七郎に「川奈ホテルの近くに駅を設けましょうか」と提案した。財閥総帥に恩を売るつもりだったのだろう。ところが喜七郎は逆に「川奈ホテルのロケーションに電車は合わない。線路はできるだけ遠くに、電車がみえないようにしてほしい」と要望したのである。こうして「伊豆急行川奈ホテル前駅」はまぼろしとなった。喜七郎の望みどおり、伊豆急行は川奈ホテルからみえないルートに線路が敷かれた[21]。

経営破綻した大倉商事などが主要株主だった川奈ホテル・ゴルフコースは一九九八年、堤義明（つつみよしあき）が率いていたコクド（二〇〇六年解散）によって買収され、現在ではプリンスホテルの傘下（経営は株式会社川奈ホテル）となっている。ゴルフクラブはずっと会員制を保っていたが、この買収劇によってパブリック制に転換された。

ＧＨＱ接収時の川奈を訪れた大倉喜七郎（左端）と、彼に重用された内装デザイナーの繁岡鑒一（その右上）（川奈ホテル提供）

犬丸は『ホテルと共に七十年』のなかで、新大阪ホテル、上高地帝国ホテル、川奈ホテルの各プロジェクトはどれも喜七郎や大倉組から投げて寄こされたもので、当初は成功するかどうかおおいに疑問視したと述べている。

しかしながら、軌道に乗って経営をつづけてくうちに、いずれも日本を代表するホテルやリゾートとして政財界の実力者たちも利用する存在となり、外国人の富裕層旅行者にも愛されるようになった。してみれば喜七郎の先見の明はやはりたいしたものだった、と犬丸は振りかえっている。

喜七郎は、ホテル事業に関してはたいへんに嗅覚鋭いところがあったのだ。とくに川奈は自分自身の肝いり案件だったので執着した。裏山の買収まで指示したのは喜七郎自身だったし、ホテルのレストランから富士山が望めるよう途中で設計の大幅変更を強いて、施工の大倉土木を慌てさせたのも喜七郎だった。「貴族的」な価値基準から施設計画を描くのでなければ、やはりあれほど国際的な評価を集める施設はつくりえなかった、ということだろう。

ところで若いころはゴルフをやらなかった喜七郎だが、川奈ホテルをつくってからはクラブを握るようになった。しかしクルマや馬のように上級者をめざすというほどではなく、ひまつぶしの域をでなかったようだ。戦時中は川奈も客がいなかったため、独りでコースにでてクラブを振っていたという[22]。

喜七郎とフランク・ロイド・ライト

時代を遡って、喜七郎が帝国ホテル会長となったのは一九二二年（大正十一）五月、四十歳のときだった。

会長就任の一カ月まえ、初代本館が失火から全焼してしまい、さらに、すでに着工していたフランク・ロイド・ライト設計による二代目本館の工事が大幅に遅延していた責任をとって、当時の大倉喜八郎会長以下取締役全員が辞任するという緊急事態となった。喜八郎は、一八九〇年（明治二十三）の帝国ホテル開業時から僚友の渋沢栄一とともに理事をやり、初代会長の渋沢が退いてからは第二代会長をずっと務めていた。

辞任した取締役には、帝国ホテル初の日本人支配人となり自らライトに新本館設計を依頼した林愛作（はやしあいさく）も含まれていた。林は、日本古美術商である山中商会のニューヨーク支店で営業主任を務めていた。英語が堪能で、米国の富裕層に多くの顧客を持ち、ニューヨークの社交界にも顔が利く存在だった。ニューヨーク生活を謳歌していたので、最初は日本に帰る気などさらさらなかった。しかし喜八郎と相談役に退いていた渋沢が熱心に説得して、ついに支配人就任を承諾したのだった。

父親の後釜（喜八郎は相談役に就任）として第三代会長に就任したのが喜七郎だった。その翌年一月に帝国ホテルは社長制を導入したので、喜七郎は初代取締役社長となった。そして同年九月一日、帝国ホテル二代目本館、いわゆる「ライト館」は正式開業した。

ライト自身は竣工をまえに現場を放りだして突如、米国に帰国してしまい、それから日本の土を踏むことは終生なかった。設計意匠に異常なほど執着するあまり工期延長が重なり、予算もどんどん膨れあがった。そういう経緯から経営陣の圧力が沸点に達したこと、最大の理解者で後ろ盾であった林愛作が辞任したことから、ついに嫌気がさして現場を放棄したというのが定説となっている。だが会社による解任説もある。

ホテル建築というよりも、どこか全体が壮大な芸術作品であるかのようなライト館。マヤ古代文明の神殿のような、宇治平等院の鳳凰堂のような、さらには、低く水平に建築が展開するライトお得意のプレイリースタイル（草原様式）の特徴もさまざまに加味した、まさに無国籍でフュージョナルな建築芸術の出来栄えを、着任してまもない喜七郎会長はどうとらえたのだろうか。

彼は、ホテル内に設けられた会長執務室のほかに、ライトが意匠を凝らした二室構成のスイートルームを「執務別室」として利用していた[23]。ここに知人やＶＩＰを招いて小パーティーなどを催していたのである。それくらいだから、喜七郎がこの壮大な建築芸術を周囲に対して誇っていたのはまちがいない。

一方で、のちに人生最後の事業として建設するホテルオークラのコンセプトを「世界のどこにもない日本らしさを追求したホテル」としたことや、邦楽などの趣味に傾斜していったことからもわかるように、若いころはハイカラ青年で西欧世界に強くあこがれていた喜七郎だったが、齢をとるにしたがって日本文化を尊重する姿勢に転じた。だから、気鋭の米国人建築家が手がけたというだけで手放しによろこぶ彼でもなかっただろう。

フランク・ロイド・ライト設計の帝国ホテル
二代目本館（絵葉書・帝国ホテル提供）

喜七郎とフランク・ロイド・ライトは、のちに帝国ホテルの新館建築をめぐって関係が悪化してしまう。というか、ライトの側が一方的に喜七郎に対して怨みをつのらせて、それを方々に手紙などでいいふらしてしまう。

関係悪化の原因となった新館は、一九四〇年の開催が決まった東京オリンピックにむけて、日比谷通りに面して地上八階・地下一階建て、二百六十室規模で建てる計画だった。結局この新館計画は、日中戦争の影響でオリンピックが中止となったことなどから三八年になって白紙撤回となるのだが、ライトが怨みを抱いた理由は新館の配置場所だった。

　日比谷公園沿いの日比谷通りに面するということは、正面からは八階建ての新館のむこうにライト館の姿がすっかり隠れてしまうということである。ライトが激怒するのも無理はない。米国にもどったライトは二度と来日することがなかったが、帰国後も前支配人の林愛作や、帝国ホテル設計で右腕となった愛弟子の遠藤新（えんどうあらた）とよく手紙を交わしていた。だからこの新館計画をはじめ東京の開発事情についても、ほぼリアルタイムに情報をつかんでいたようだ。

　ライトという人間は不世出の天才建築家ではあるけれども、けっして人格優秀で高潔な人間ではない。ダブル不倫をして双方の家庭を破壊してしまう背徳者だったし、帝国ホテルとの関係でそうだったように、米国国内でも施工期間を順守せず、予算を大幅にオーバーさせて施主たちをたびたび激怒させている。どこまでも自分勝手な天才なのである。

　対人関係においても非常に子どもっぽいところがあって、気に入らない相手を第三者への手紙などで口汚く罵るということを日常的におこなう人間だった。創造するものは唯一無二で熱烈な支持を集めるが、人間的には無秩序で無節操。戦後日本の文壇で人気を持ったデカダン派の作家たちとどこか共通したところがある。

正面側に八階建ての新館を建てて本館を隠してしまうというような、そんな無謀で大胆なプランを描ける人間は、当時の帝国ホテル経営陣にあって喜七郎をおいてほかにいない。そして彼の場合、そうした思いつきが経営や人心にどういう影響をおよぼすかという点まで熟慮しない。ちなみに、この新館の正面意匠図が帝国ホテル社史に掲載されているが、和風の屋根を載せた帝冠形態の和洋折衷様式で、どこかホテルオークラに似たところがある。きっと喜七郎が外観意匠についてかなり意見をしたのだろう。

喜八郎から喜七郎への会長職委譲がもっとはやくになされて、二代目本館への建替え計画が喜七郎のもとで進んでいたならば、あるいはライト館はこの世に存在しなかったかもしれない。喜七郎にはホテルに対する確固たる理想像があり、それは川奈ホテルや、人生の記念碑として建設したホテルオークラの設計意匠への強いこだわりにつながり、突然の設計変更が幾度もなされた。さらにライト館の正面景観をすっかり隠してしまうという、とんでもない帝国ホテル新館計画の立案にまで結びついた。

こういう独尊的なものごとの運び方は、フランク・ロイド・ライトのそれにどこか重なる。どちらもおのれの理想像を追求するあまり、思いつきのままに突っ走り、根まわしを欠く。そんな二人が激しく意見をぶつけ合っていたとしたら、結果はどうだったか。喜七郎が父喜八郎の後任として会長の座についたのは一九二二年九月で、その二カ月後にライトは工事監理の責任を放棄して突然帰国した。だから両者が新本館建設で意見を戦わせたことはなかったのだが、設計段階から相対していたならばきっと、かなりはやいタイミングで決裂してしまったのではないかと思えるのである。だが、逆の可能性だってある。あるいは現物以上の、もっとすごいライト館が誕生していたのかもしれない。

帝国ホテル新館建設計画が白紙となる二年まえの一九三六年、喜七郎は半年間の米欧視察の旅をおこなっている。このとき、東京・田園調布の都市設計にかかわり東急駅舎設計も担当した矢部金太郎（やべきんたろう）が同行していたのだが、喜七郎はまたリゾートホテル開発のプランでも頭に描いていたのだろうか。旅行にはさらに妻の久美子、三女のてつ子、秘書、看護婦も同行した、視察団のような家族旅行のようなふしぎなメンバー構成だった。

米国、カナダ、英国、フランス、ドイツ、北欧などをまわる旅だったが、ドイツではベルリンオリンピックの開会式を見学している。のちに中止が決まる一九四〇年東京オリンピックに備える意味もあったのだろう。

英国ではケンブリッジ大学時代の学友たちと再会したが、彼らの暮らしぶりがすっかりつつましくなっていたことにショックを受けた。十九世紀末から英国貴族社会は土地の収益力低下、税制強化などからかなり弱体化し、広大な家屋敷の保全・改築費用の捻出にも汲々としていたのだ。

公職追放で文化活動に活路

英国貴族にやってきた没落の悲運はやがて、日本の敗戦という一大転換点から喜七郎自身にも押し寄せてくることになる。ＧＨＱが命じた財閥解体と財閥家族の公職追放だった。一九四六年（昭和二十一）十二月、大倉財閥の中核企業である大倉鉱業がまず財閥解体第二次指定（四十社）に入る。同社の株式総数約百一万五千株のうち、喜七郎はその八八パーセントを、大倉一族では九七パーセントを保有していたが、それらはすべてＧＨＱが日本に設けさせた持株会社整理員会の管理下に置かれ、市場に放出されていった。また日本無線、内外通商も解体指定を受けた。大倉一族では喜七郎のほかに、義兄の大倉粂馬、従兄弟の大倉彦一郎、喜七郎婿養子の大倉喜雄が財閥家族対象となり、保有株が強制放出され、関係各会社の役員の座を追われた。この時点での有価証券保有額は喜七郎が五千百四万八千円、粂馬が二百八万六千円、彦一郎が百四十一万四千円、喜雄が百十九万九千円だった[24]。

帝国ホテルも、解体対象となった大倉鉱業に関連する制限会社（事業譲渡や財産売却・

贈与などの権利を制限された企業）に指定され、喜七郎は社長の座を追われた。父親から引き継いだ財閥の会社にはあまり興味がないが、ホテル事業には執着する彼にとって、それはショッキングな出来事だった。明治のなかばに父親が渋沢栄一らとつくりあげた国策迎賓ホテル、その代表の地位への未練は大きかった。

喜七郎は、その無念を晴らすかのように、実業の世界とはかけ離れたところに自分の存在意義を求めはじめる。それがさまざまな文化活動を支えるパトロンとしての役割だった。会社人としては適性を欠くが、この時代を代表する偉大な文化人として、彼は世に広く知られた。

絵画関連の活動では、興味深い戦前のエピソードが残る。それはイタリアの独裁宰相ベニート・ムッソリーニとの関係で、経緯はこうである。

一九二八年（昭和三）、東京の三越呉服店ギャラリーで「伊太利名作絵画展」が開催された。このとき喜七郎は展覧会の賛助委員になっていて、イタリアを代表して来日した名誉軍人で政治家のエットーレ・ヴィオラと親交を持った。そして、ほどなく首相になるムッソリーニが日本文化の愛好家であることを伝え聞くと、喜七郎はさっそくヴィオラをとおして横山大観作の六曲一双（ろっきょくいっそう）屏風を贈った。

ムッソリーニはこれをたいそうよろこび、やがてイタリアで日本絵画展の開催をという機運が高まった。そうして一九三〇年にローマの地で日本名「羅馬開催日本美術展覧会」が開催された。喜七郎が費用を全額負担し、横山大観に運営と人選を一任、川合玉堂、竹内栖鳳らの協力をえて日本画の実力者八十人による百六十点以上の作品が展示された。展示会場の内装は、大観と喜七郎があくまで日本風にすることを主張し、そのために大規模な内装工事が必要となった。

そこで、わざわざ日本から床の間の材料や青畳を輸送させ、宮大工六人、表装師二人、さらに華道の大家も現地に派遣するなどした。この結果、喜七郎が負担した費用総額と展示作品購入費は現価にして五十億~百億円にもなった[25]というから、喜七郎がこの日本美術の宣伝活動にいかに執念を燃やしていたかがわかる。作品は展示会後に大倉集古館に収蔵されることになった[26]。

前述したように喜七郎は音楽家の支援にも力を入れたが、オペラ歌手の藤原義江へのそれは尋常ならざるものだった。一九〇四年（昭和九）に藤原は藤原歌劇団を旗揚げするが、喜七郎はその費用全額の一万円をぽんとだした。

「本場に負けない、日本のオペラをつくるんだ」

そう激励する喜七郎は、さらに五千円を活動費用として藤原にわたした。

それだけではない。喜七郎は帝国ホテル社長の座にあった時代、藤原をホテルの一室にずっと住まわせ、室料や食事代はすべて喜七郎がポケットマネーから支払った。日常生活の手間を省いて藤原を音楽活動に専念させるための援助だった。

その期間は二十五歳の新進気鋭の時期にはじまり、藤原が七十七歳で死去するまでの五十二年の長きにわたった。さらにホテル内での勘定だけでなく、外の一流料亭での飲食代やデパートでの買い物代までホテルにつけさせて、それも喜七郎がポケットマネーから全部支払っていた。そういう関係は喜七郎が帝国ホテルを去り、犬丸徹三社長の時代となってもずっとつづいたのである[27]。

一九七二年（昭和四十七）開催の札幌オリンピックでハイライトとなったのは、日本が表彰台を独占して「日の丸飛行隊」の愛称を生んだスキージャンプ七〇メートル級（宮の森ジャンプ競技場）だったが、九〇メートル級がおこなわれた大倉山ジャンプ競技場の生みの親は喜七郎である（当時の名称は大倉シャンツエ）。

昭和のはじめ、スポーツ振興に熱心な秩父宮の「日本にも世界に通用するシャンツェを」という依頼に応じて、私財を投じて大倉土木につくらせ、それを札幌市に気前よく寄贈したのである。総工費は約五万円だった。当時、ジャンプ競技に挑戦する日本人はごく少数だったから、開設したところで盛んに利用される状況にはない。パトロンとしてのバロン・オークラがいたからこそ建設しえた、なんとも贅沢な競技施設だった。

第二章
「帝国ホテルに追いつけ」が合言葉に

The Story of Okura

「野田君、
わたしはいま日本を代表する
迎賓ホテルをつくろうとしている。
世界のどこにもない、
日本らしい風格を備えたホテルだ。
その社長になってくれないか」

ついに解除された公職追放

一九五一年（昭和二十六）八月六日。この日の東京は、六年まえの玉音放送のときのように太陽がじりじりと照りつける真夏日だった。札幌でも六日連続の真夏日となるなど、日本全国がとにかく暑かった。

日本政府はこの日、第二次公職追放解除（一万三千九百四人対象）の報告がGHQからもたらされたと発表した。これに先立つ六月二十日には第一次解除があり、これで、戦争犯罪対象の特別高等警察（特高）や思想検察の三百四十六人を除くほとんどの公職追放者の処分が解かれた。

第二次解除の対象者名簿には、政界では鳩山一郎（はとやまいちろう）、松野鶴平（まつのつるへい）、河野一郎（こうのいちろう）、経済界では渋沢敬三（しぶさわけいぞう）、小林一三、五島慶太、言論界では正力松太郎（しょうりきまつたろう）、緒方竹虎（おがたたけとら）という錚々たる面々の名があった。そして大倉喜七郎の名もそこに含まれていた[28]。

この年は一月三日に初のＮＨＫ紅白歌合戦が放映され、六月に後楽園球場でのプロ野球試合（大映対近鉄、毎日対東急の二試合）がはじめて実験中継されて、テレビ放送という新時代の娯楽が緒についた。九月八日、サンフランシスコ平和条約が結ばれて戦争が正式に終結し、日本の主権が回復した。

公職追放によって、喜七郎は実業世界からの退場を余儀なくされた。いつも喜七郎を持ちあげ、お追従を口にしていた者たちが自分のもとを一人また一人と去っていく。生き残った財閥傘下の各企業も、公職追放となった総帥とは距離を置くしかなかった。喜七郎が関与していることがＧＨＱに知れたら、その会社も下手をすれば監視対象になりかねない。

そして一九五二年（昭和二十七）四月二十八日、連合軍の占領が終結した。

財閥家族に課された禁止事項や規制もなくなり、いくつかの財閥は部分的に企業グループとして復活した。また旧財閥系の企業は戦後復興の波に乗って成長軌道を描きはじめた。しかし財閥家族がふたたびその頂点に君臨することはなかった。

それは、ＧＨＱによる経済思想教化の影響でもあれば、企業が新たな時代に乗りだしていくための自主的な旧支配体制との決別でもあった。復興を急がなければならない戦後経済社会では、もう創業家が頂点に君臨するというカビ臭い支配体制は不要であるばかりか、弊害にすらなる。

旧大倉財閥系の企業もふたたび閥を形成することはなく、大倉土木は大成建設に、解体された大倉鉱業は中央建物（大倉鉱業所有不動産の管理運営事業）に、大倉産業は内外通商（のちの大倉商事＝一九九八年自己破産）に改称して、それぞれ独自の経営体制を確立していった。

終戦から十一年を経過した一九五六年時点での持株比率が四六パーセントあった川奈ホテルを除けば、旧大倉財閥系の企業に喜七郎が君臨する席はもうなかった。喜七郎は公職追放解除後にふたたび各企業の株を買い持ったものの、あくまで主要株主の一人という位置づけにすぎなかった。喜七郎の実質的な財産管理会社である大倉事業は、中央建物の株を一六パーセント所有する大株主（五六年時点）だったが、やはりここでも喜七郎の影響力は削がれた。

解体されバラバラになった旧大倉財閥だったが、一九五〇年（昭和二十五）一月に大きな出来事があった。まだ東京が東京市といっていたころ、市有地との交換で三菱財閥が東京駅前に所有した土地があったが、戦前にこれを大倉財閥が譲り受けていた。それを、丸の内のオフィス街一体開発をめざす三菱地所がぜひ買いもどしたいと依頼してきた。喜七郎は「大成建設に工事を担当させるなら」という条件を示してこれを受諾した。

三菱地所は、戦前に東洋一の規模と謳われた丸ノ内ビルヂングを有していたが、それに匹敵する新オフィスビル、東京ビルヂングの建設をこのときめざしていた。丸の内一帯開発は、財閥解体によって三社に分割されていた三菱地所、さらには三菱財閥再結集の足がかりか――とジャーナリズムは書き立てた。この大型土地売買からはじまった丸の内開発工事は、旧大倉財閥と決別して独立路線を歩む大成建設にとって、飛躍の足がかりとなった。

そして因縁の帝国ホテルである。

帝国ホテルではすでに経営手腕に長けた犬丸徹三が社長になり、戦後復興にむけてタクトを振っていた。会長の座には、中国でのたばこ葉事業や塩業で財を成した金井寛人（かないひろと）がついていた。金井は、強制放出された喜七郎の株を引きとるかたちで帝国にやってきたのだった。会長も社長も後任が定着していて、もう喜七郎が返り咲く場所はどこにもなかった。

それでも喜七郎は会長への復帰を強く願い、あれこれと手をまわしてその方策を探った。だが、彼が復帰して指図するようなことになれば、経営上で混乱が生じるのは必定だ。たとえホテル創業と経営の歴史に貢献した大倉一族であっても、帝国としては喜七郎の復帰はなんとしても阻止する必要があった。

帝国は、旅客機のジェット化と大型化がもたらす国際旅行大衆化にむけた、新時代のホテル経営体制確立に邁進していた。このときすでに、旅行大衆化を一気に推し進めることになるボーイング７４７型機（ジャンボジェット）の開発構想が持ちあがっていた。それまでの旅客機にくらべて座席数が倍になるという夢のようなプランだった。

帝国ホテルの株主構成は、一九五六年時点で金井寛人が第一位株主（九・八九パーセント）、社長となった犬丸徹三が第二位株主（六・六二パーセント）となるなど大きく変化していたし[29]、この時点ですでに東京証券取引所二部上場の準備に入っていた（一九六一年十月一日実施）。

大正末竣工の二代目本館、ライト館は老朽化が顕著で、壁面の劣化や水漏れやがあちらこちらで発生していて、近いうちに全面建替えが必要と判断されていた。東証上場はその資金調達をスムーズにおこなうための手段でもあり、株式を公開すればなおさら〝バロン〟的経営は排除されなければならなかった。

不機嫌な表情が一変した

異母弟の大倉雄二によれば、公職追放が解除されてしばらくしたころの喜七郎は、たいそう不機嫌な毎日を送っていたらしい。

ＧＨＱによる処分から一線を退くしかなかったが、その期間が終われば関係した会社はまた温かく迎え入れてくれると期待していた。しかし実情はちがった。復帰の道を閉ざされた帝国ホテルだけでなく、どの会社も彼が会長などに復帰することには異を唱えた。

恩を仇で返される思いもどこかに抱きながら、なんとか一線に復帰しようと方策を練る毎日だった。多才な趣味人である喜七郎だが、やはりそうした顔も実業世界に活躍してこそ生きるものである。ただの趣味人ならば世間はそれほど関心を示さない。

だが、ついにその不機嫌な表情が緩むときがやってきた。新たなホテルを独自に創業するという構想の実現を、喜七郎はいよいよ決断したのだ。

——帝国ホテルへの復帰はもうあきらめた。それなら、帝国ホテルに負けないようなホテルをつくればいい。

「世界的に高く評価されるような国際迎賓ホテルを、この手で東京に建設するつもりだ」

親しい知人たちにそう熱く説く喜七郎の表情は、少しまえまでとちがって輝いていた。

そしてそのときから彼の胸裏には「帝国ホテルに追いつき、超える」というスローガンが掲げられることになる。雄二は『男爵』のなかで、ホテルオークラ事業を決断したころの兄のようすについてこう回想している。

そのころ喜七郎は忙しそうだった。会うたびに声に張りが出、精力的にも見えてきた。七十六、七歳のはずである。彼が新しいホテルを建てる計画を持っているとは、夫人からも執事からも聞いていたし、他からも聞いていた。パンナムの後押しがあったり、こわれたりしていた時代である。

喜七郎が精悍に見えてきたのはそのせいだったと分かっていても、私はどこかにあ

ぶなっかしいものを感じていた。むかしから趣味が仕事に先行し、旺盛な好奇心、知識欲のままに間口を広げ過ぎ、あわや支離滅裂というところで危うく踏み止まっているのが喜七郎の性格である。

いつものように自分の趣味性が先走り、事業性を顧みないことを弟は心配したのだ。七十代後半で事業に失敗するようなことになれば、気力は急激に落ちるだろうし、積んできた功績にも瑕がつく。やはりそれは避けなければならない。

パンナム（米航空大手だったパンアメリカン航空）うんぬんのくだりについては、実情はこうである。喜七郎はホテル計画を思いついた当初、パンナム、日本航空の航空二社と交渉を持ち、九百万円ずつの三者均等出資による国際新ホテル建設準備会社を立ちあげようとしたことがあった。いかにも国際人の喜七郎らしい発想といえるが、この合弁会社設立は、まだ外資導入が困難な時代だったことなどいくつかの事情から実現することなく、結局立ち消えとなった[30]。

そのころ飛ぶ鳥を落とす勢いだったパンナムは一九四六年、傘下にインターコンチネンタルホテルズを設立して国際路線を運航する五大陸すべての主要都市にホテルを展開していく計画を打ちだしていた。だから東京でのホテル開発計画にも興味を持ったのだ。

結局、パンナムと日本航空の直接出資は見送られたが、ホテルオークラは開業翌年の一九六三年春にインターコンチネンタルホテルズとアソシエート契約（海外市場での客室販売提携契約）を結ぶ。帝国ホテルと伍していくには海外市場開拓が至上命題となるオークラ、戦後復興でめざましい経済成長のさなかにある日本市場をとりこみたいインターコンチネンタルホテルズ、提携はどちらにもメリットがあるウィンウィンの関係だった。

一九四七年から日本に乗り入れていたパンナムがニューヨーク～東京直行便を運航開始したのは七六年（昭和五十一）、オークラ開業から十四年後のことだった。一九八五年に太平洋路線を売却するまでパンナムはオークラの館内にチケットオフィスを置いていた。そして国際航空業界の覇者だったパンナムも、航空自由化の荒波に呑みこまれてやがて消滅していった。

雄二の『男爵』はさらに、ホテル経営会社設立時の喜七郎のようすについて、こんなふうに記している（カッコ内は筆者注）。

「**君**は**知**っているだろうが、こんど**出来**る**ホテル**に**これ**だけの**人**が**賛同**してくれたよ」

とわざわざ**カバン**を**持**ってこさせ、**中**から**便箋**に**ペン書**きの**リスト**を**出**して**見**せた。

「これが**役員**になってくれる**人**たちだ」

トップクラスの財界人の名が連なっている。

「君の会社（文藝春秋）の社長さんも喜んで入って下さった。まあ見ていてくれ」胸を張る喜七郎に、夫人も嬉しそうに笑っていた。（中略）その後ずっと〝おじさま〟に会っていない時期がまた続く。いつ行っても「ご旅行中でございます」であった。資金集めである。八十に近い老人になった喜七郎は、びっくりするほど精力的にあちこち足を運んでいた。（中略）多分いままで下げたことのない頭を、ごく自然に下げていたと思われる。

母親のゆうと雄二たち三人の子どもは、正妻の長男で大倉家を継いだ喜七郎とずっと距離を置いていた。しかし雄二は大学を卒業するころから喜七郎との接触の機会が増え、喜七郎もなにかと異母弟である彼のめんどうをみた。雄二は三十七歳年上の腹ちがいの兄を〝おじさま〟と呼んで、しばしば自宅や会社の執務室を訪ねるようになっていた。

この記述は、そういう関係性における最晩年の一場面である。雄二も四十歳となり、もう宗家に対する複雑な思いもだいぶ薄らいだのだろう。「多分いままで下げたことのない頭を、ごく自然に下げていたと思われる」というくだりには慈しみがにじむ。回想として記されたこの一文は、最後の事業を精力的に、無心でまっとうしていった異母兄への鎮魂の言葉だったのだろう。

頭を下げられることがつねで、自分から下げたことなどほとんどない境遇にあり、いつでも取巻きに囲まれて持ちあげられていた喜七郎である。しかし大倉財閥の崩壊から歳月が流れ、だいぶ財力が細った七十八歳の老人は、健気にもホテルオークラ事業のために出資要請の旅にでた。

もっともこの旅の目的はカネ集めだけではなく、財界有力者や著名人に発起人、社外取締役となってもらうことでホテルの品格を高めるという狙いも当然あった。父親が渋沢栄一とともに発起人となり、財界の名士を株主として集めて設立した帝国ホテルがそうだったように。

喜七郎は、三菱、三井、住友など旧財閥系企業をはじめさまざまな企業に自ら足を運び、出資をよろしくと頭を下げていったのである。その結果、出資総額は十二億五千万円にもなり、「旧大倉財閥系で三分の二」の出資比率を確保するために二億五千万円分については返上し、資本金を十億円ちょうどとした。

そして相談役に三井家第十一代当主の八郎右衛門(はちろうえもん)高公(たかきみ)、第五次吉田茂内閣で経済最高顧問を務めた岡橋林(おかはししげる)、監査役に三井生命保険社長の井上八三(いのうえかずみ)、名鉄や東海テレビ設立に尽力した神野金之助(かみのきんのすけ)、文藝春秋社長の佐佐木茂索(ささきもさく)、大倉喜八郎の代からの番頭で常磐炭鉱会長を務めた大崎新吉（おおさきしんきち）が就任するなど、ホテル会社の社外メンバーは錚々たる顔ぶれとなった。いずれも戦前から喜七郎と親交のあった財界人たちである。

大倉邸宅跡に建設を決意

赤坂区葵町三番地（現在の港区虎ノ門二丁目）の七千九百坪という広大な敷地に建つ大倉喜八郎邸は、一八七八年（明治十一）に喜八郎が政府から土地の払い下げを受けて設けたものだった。もとは前橋藩主だった松平大和守朝矩（まつだいらやまとのかみとものり）の屋敷地で、それを、明治政府が接収して工部省地理寮としていた。喜八郎は、軍事関連をはじめさまざまな政府貢献が認められて、その敷地を譲り受けることになった。

喜八郎と同様、政府への貢献度の高かった大実業家たちにはこの時代、土地の払い下げがよくおこなわれた。三菱創始者である岩崎弥太郎（いわさきやたろう）は湯島池之端にあった桐野利秋（きりのとしあき）の大邸宅地を手にしている。桐野利秋は西郷隆盛（さいごうたかもり）の右腕として明治維新実現に立ち働いたが、西南戦争で西郷とともに闘い、鹿児島の城山籠城戦で戦死した。政府は反乱軍司令官の屋敷を罰として没収していたのだった。ここは現在、旧岩崎邸庭園（都立公園）となっている。

また喜八郎とは丁稚時代からの知り合いである安田財閥始祖の安田善次郎は、両国の田保徳川家邸の払い下げを受け、周辺の土地もつぎつぎと買いつけて潮入回遊式の大庭園を築いた。これは現在の旧安田庭園だ。

喜八郎は、三人の妻妾のあいだに十二人の子（幼死を含む）を儲けた豪傑で、本宅だけで四人の子がいた。当然、そこに立ち働く女中や男衆の数も多い。大邸宅に住む理由があったのだが、それにしても敷地七千九百坪に建つ大邸宅はあまりに広すぎる。喜八郎はまた、向島に敷地三千坪の別邸・蔵春閣を構えたほか、最盛期に設けた別邸・別荘は全部で十三を数えた。

大倉家本宅。ホテル着工以前のようす

本宅は関東大震災のもらい火で焼けて、喜八郎の私設美術館である大倉集古館も燃え、蒐集してきた多くの貴重な美術品が焼失した。喜八郎は大倉土木に命じてすぐさま本宅を建てなおしたのだが、新しい母屋や集古館は火災に強い鉄筋コンクリート造となった。

公職追放から収入が減った喜七郎にしてみれば、

葵町の広すぎる本宅はどうにも持てあます。住居はもっと住みよい適当な大きさのところでよかった。喜七郎は現在の千代田区二番町に立派な別邸を構えていたので、そこに移ればよかった。この別邸は熊本藩細川家十六代当主・細川護立(ほそかわもりたつ)(元総理大臣・細川護熙(ほそかわもりひろ)の祖父)の邸宅を譲り受けたものである。

そうして喜七郎はいよいよ決心する。ホテルを建設するなら、葵町の親譲りの土地を活用するしかない、と。

これほど国際迎賓ホテルの建設地にふさわしい場所はほかにない。目のまえの米国大使館をはじめ一帯には複数の国の大使館が集中していて、国際交流の結節点といえる場所である。それら各国のＶＩＰを迎え入れれば迎賓ホテルとしての格も保てる。さらに霞が関の官庁街にも近い。ターミナル駅からは遠いが、格式のある迎賓ホテルをめざすのだから静かな環境はかえって好都合だ。

一方で阻害要因もあった。大倉邸敷地は、大倉集古館の敷地六百坪を除くすべてが、東京都都市計画上の「緑地」に指定されていた。都心の貴重な緑地を保全するための行政による縛りで、要するに所有者の一存で開発行為をおこなうことができない。だからこののちホテルの建築許可をとるのも簡単ではなかった。

そこで、敷地の一部を公園として開放することを条件に、なんとか許可をとりつけた。

政府も東京都も、一九六四年開催の東京オリンピックを目前にして外国要人や外国人観光客が宿泊するホテルの増設を急いでいた手前、ある程度は弾力的な対応をせざるをえなかったのだろう。アジア初となるオリンピック開催にむけて東京圏では、首都高速や新幹線の建設工事が急となっていた。

ホテルオークラ東京は二〇一九年、全面建替えを断行して「The Okura Tokyo」と名を変え再出発したが、このさいも敷地全域が都市計画公園に指定されていたことが建替えのネックとなった。そこで敷地の五〇パーセント以上を緑地および広場として公開整備することを条件（港区公園まちづくり制度適用）として、建築許可を取得することができた。いまも昔も都心部の大きな土地は、緑地や都市計画公園に指定されていれば私有地であっても自由に開発ができないのである。

一九五八年（昭和三十三）十二月九日。喜七郎はホテル事業のための法人設立総会を開催し、社名を大成観光株式会社と定めた。

すでに大倉土木から社名変更していた大成建設とおなじ「大成」である。喜八郎の戒名「大成院殿礼本超邁鶴翁大居士」からとったもので、財閥復活を想起させる大倉の名は伏せながらも、一家の威光をそれとなく匂わせる命名だった。このあたりについては喜七郎自身のなかで葛藤があったはずで、やはり「大倉観光」としたい思いもあったのではないか。

ホテル名称については、大倉邸敷地に建設したこともあって、カタカナの「オークラ」の名が与えられることになった。ただしホテルオークラの名づけ親は喜七郎ではなく、のちに大成観光社長となる野田岩次郎で、野田自身も自伝『私の履歴書』でそう書き残している。あるいは喜七郎自身、「財閥二代目がつくった、バロンのホテル」というイメージが流布することを避けたかったために、あえて野田による命名ということにしたのかもしれない。

総会から二日後の十二月十一日、大成観光が資本金十億円で設立される。

喜七郎が代表取締役会長に、法人設立段階からかかわっていた前運輸事務次官の秋山(あきやま)龍(とおる)が代表取締役社長に就任した。社長の秋山については、官僚トップがそのまま民間企業の社長に横すべりするというのも高度経済成長期の只中らしい事象といえるが、なぜか翌年四月にはやくも退く。

この経緯については不明で、あるいは喜七郎とのあいだに軋轢があったのかもしれない。しかし秋山は大成観光を去ったあと、日本空港ビルデング初代社長、東京モノレール社長を歴任し、東京シティ・エアターミナル会長、ロイヤルパークホテル社長、日本航空協会会長なども務めたところからすれば、もともと運輸・観光関連の企業や団体設立を後押しする旗振り役だったと解釈するのが妥当だろう。

大倉邸跡地は、大倉集古館の六百坪を除く残りの七千三百七十五坪を大成観光が喜七郎個人から買いとるかたちとなった。評価額算定は三井不動産、住友信託銀行、安田信託銀行、第一勧業銀行がおこない、買収額は大成観光資本金のなかから現金で支払われた[31]。

野田岩次郎が受けた一本の電話

社長となった秋山龍はわずか四カ月で退いた。華々しく船出した大成観光だが、いきなり船頭を失うことになってしまった。

その後任をだれにするべきか、喜七郎は悩む。こういう場合、しばらくは会長が社長を兼務するというのがよくあるパターンだが、自分に現業のマネジメント能力がないことは喜七郎自身がよく知っている。カネをだせというならいくらでもだすが、カネを生むたしかな仕組みをつくれといわれれば当惑するしかない。

顔の広さは財界でも突出しているから、喜七郎は方々にあたる。そして日本興業銀行頭取の中山素平(なかやまそへい)に相談したところ、年下の相手にこう言下に返された。

「大倉さん、灯台下暗しですよ。野田君がいるじゃないですか」

喜七郎ははっとした。

野田岩次郎はいま、喜七郎の肝いりである川奈ホテルの相談役を務めている。そして野田を川奈ホテルの相談役に引っぱったのはほかでもない、喜七郎自身である。ＧＨＱを相手に発揮した胆力や交渉力、いろんな企業で相談役や顧問として引っぱりだことなる経営知識に喜七郎は惚れたはずだ。それなのに、彼の存在をすっかり忘れていた。

——ああ、そうだ、野田君だ。

これまで何度も顔を合わせた男の意志の強そうな顔つきを思いかえして、喜七郎は大きくうなずいただろう。喜七郎はさっそく手をまわして野田の居どころを探す。すると、ちょうど川奈ホテルで休養していることがわかり、すぐさまホテルに電話を入れた。

「野田君、わたしはいま日本を代表する迎賓ホテルをつくろうとしている。世界のどこにもない、日本らしい風格を備えたホテルだ。その社長になってくれないか」

あまりに唐突なスカウト話に、野田はこう返すしかなかった。

「そんなに急におっしゃられても。数日考えさせていただけないでしょうか」

「いや、考える必要などない。いますぐ、この場で承諾してくれ」

喜七郎は間髪を入れずに迫る。こうと決めたら、相手の事情など斟酌なしに畳みかけるのも喜七郎流である。自ら相談役を務めるホテルで、ゴルフを楽しみながらゆっくりと骨休めしていた野田だったが、この性急な電話によって休暇はいきなり打ち切られることになった。

　野田は東京に引きかえし、喜七郎のもとを訪ねた。数日の猶予をと告げたものの、それまでには社長業を引き受ける腹ができていた。大役だが、日本を代表する迎賓ホテルをという喜七郎の理念にはおおいに共感するところがある。邦楽の趣味が一致するところや、喜七郎のおおらかな性格に好感を持っていた野田は、そうして大成観光社長就任を決意した。

　しかしどうしてもクリアしたい、しなければならない課題があった。

　喜七郎の事業採算性やコスト意識の緩さはつとに有名である。それは野田の耳にもずいぶんまえから届いている。その喜七郎が会社経営を支配するとなれば、さまざまな不具合が噴出してくるであろうことは容易に察しがつく。それでなくても喜七郎はもう、本来なら自邸でゆっくりと最晩年をすごしている齢である。

　ホテルの施設づくりでは最大限、喜七郎の意向を尊重するにしても、経営の舵取りについては完全に任せてもらわなければならない。そう考えた野田は、受諾の条件を喜七郎に突きつける。

　それは「経営の全権委任」「僚友である青木寅雄（あおきとらお）（のちに社長、会長、名誉会長就任）を役員に迎える」「責任を持つための自社株の保有」の三つだった。

野田がスカウトを熱望した青木寅雄は、野村財閥に勤め、総帥の二代目野村徳七（のむらとくしち）に認められてその秘書、野村合名東京事務所長などを務めた。つづいて野村鉱業の経営を総帥から託され、水銀生産で世界有数のシェアを誇るまでに会社を育てあげた。財閥総帥の意を汲み、着実に成果をあげていた青木の手腕を、野田は高く評価していた。

「鉱山屋が宿屋の番頭などできる道理がない」

青木は最初そういって野田の誘いを断っていた。しかし野田はしつこかった。

「おれだってずっとセールスマンだ。ホテルの経験なんぞない」

口説きつづける野田についに根負けして、青木は戦友となることを決意した[32]。

青木寅雄

青木を右腕として迎え入れることができれば、未知数のホテル経営でもやっていけると野田は踏んだのだ。このとき野田は六十二歳、青木は五十六歳。六歳ちがいの二人は余生の安寧を考えることなく、もう一花咲かせる決意をして「帝国と伍していくホテル」という未知の大海に船出していくのだった。

経営の全権委任要求では、野田は喜七郎に対してこうまで告げた。

「わたしは人の下にはつきません。したがって全部トップでなくてはやるつもりはありません」

あなたにすべて従うことはしない。大財閥を率いた人物であろうとも、駄目なものは駄目——。野田はそう宣言したのだ。ちょっといいすぎかと危ぶむところもあった。しかし喜七郎はその宣告にこころよく同意した。このとき喜七郎は七十八歳。気力は以前より確実に衰えていたし、もともと社長業はむかない自覚はある。だから野田の条件をはねつける理由もなかったはずだ。

一方で野田は、喜七郎の「帝国ホテルに追いつき、超える」という決意とそのための施設づくりの理念をあくまで尊重した。

ホテルオークラの建築では、壁をなまこ壁風として城郭建築を模した外観、豪華絢爛なインテリア意匠、什器類調達などに巨額の費用をかけたが、

城郭風建築によるホテルオークラ本館

それは喜七郎最後のこだわりだった。大倉財閥二代目としての矜持を、その終の事業にあますところなく、納得するまで注ぎこんだ。

だから、ホテルが開業したところで喜七郎の思いは達成されたといっていい。あとの経営は野田にすべて委ねればよかった。野田もそのことを理解していたから、とにかく器＝施設にカネをかけることにはいっさい口を挟まなかった。

ところで、野田が経営の全権委任を要求したエピソードだが、これとたいへん似た話がある。

帝国ホテルがまだ明治開業の初代本館で運営されていたころ。経営陣が日本古美術商・山中商会のニューヨーク支店で営業主任をしていた林愛作に支配人就任を要請したことは前記した。帝国ホテルの歴代支配人は外国人が務めていたのだが、業績がなかなか向上しないうえに、重役よりも月給が高い外国人はそろそろやめにして日本人の支配人を、という話になったのだ。そうして大倉喜八郎会長や渋沢栄一相談役が、林の雇用元である大阪に本社を置く山中商会に働きかけた。

十九歳から米国に暮らし英語が堪能な林は、古美術販売で米国やヨーロッパの富裕層に顧客を持ち、ニューヨーク社交界でも顔の利くめずらしい日本人だった。そして、そういう稀有なスキルに帝国ホテル経営陣が惚れこんだのだ。現地での生活を謳歌していた林は、最初は支配人就任の要請を固辞した。しかし山中商会がこんこんと説得し、ついに要請を受けることになる。

そのとき林は、渋沢栄一や大倉喜八郎ら帝国ホテル経営陣に対して堂々と二つの要求を突きつけたのである。

「（老朽化が目立つ）本館を建てなおすときには自分が計画を全面的に遂行する」

「株式会社帝国ホテルではなく林愛作の帝国ホテルと考え、（運営の）すべてを自分に一任していただく」

なんとも強気な要求内容だが、経営陣はそれを受け入れ、渋沢栄一などは「まことに頼もしいかぎり。林愛作の帝国ホテルとして存分にやってもらいたい」とまで持ちあげた。

明治と昭和、時代は異なるが、おなじように「やるからにはすべて任せてもらいたい」という強気な条件を突きつけて事業主たちを納得させ、ホテルに新たな活躍の場をみつけた男が二人いたのである。

どちらの男も「その代わりにかならずや安定経営を実現してみせる」という覚悟を持ち、じっさいにそのとおりことを運ぶのだった。そして、米国のビジネス社会でもまれた国際人というところが共通していた。

野田は、ホテル開業までに期間があるので費用を節約しなければいけないからと、社長就任後の六カ月間を無給とし、自分の愛車を社用車にあてて交渉事に走りまわった。それから喜七郎への要求のとおり、元野村鉱業社長の青木寅雄を迎え入れた。

日本らしさを追求した国際的ホテル

喜七郎は老齢にもかかわらず、大成観光への出資要請の旅のついでに、指物や漆芸などの名人のもとにしばしば足を運んだ。ホテルに導入する意匠や什器を見定める目的からである。

それは「世界のどこにもない、日本らしさを追求したホテル」という理念の具現化を、会長自ら真剣に模索していたことを意味している。いかにも凝り性の趣味人、審美眼を備えた文化人らしい。そうして蓄積していったイメージは、建築・意匠分野の専門家たちの社外メンバーで構成された設計委員会につぎつぎと伝えられ、設計コンセプトに落としこまれていった。

旧ホテルオークラは日本らしいホテルだった。箱根の富士屋ホテルや奈良の奈良ホテルは外観からしていかにも日本らしい伝統の佇まいだが、オークラのそれはまったく異なる現代性と伝統性を融合させた独自の「日本らしさ」であり、外観、内装ともにその理念にもとづく美意識が縦横に表現されていた。二〇一五年夏から開始された建替えにさいしては、国内外の文化人や建築学者などから反対の声が続々とあがったが、それも旧建築が唯一無二のものとして高く評価されていた証である。

ホテル設計の基本コンセプト決定の経緯について、野田岩次郎は『私の履歴書』のなかでこう説明している。

> 私は大倉さんとひと晩、腹を打ちあけて話をした。現在、日本にあるホテルは全部欧米の模倣であって日本の特色を出していない。欧米から高い運賃を払って日本に来るのは、日本の風土、習慣、文化、つまりローカルカラーを味わうために来るのだから、私がホテルを任されたら、日本の文化、美術、伝統を取り入れたものにしたいと言い、大倉さんとも完全に意見が一致した。
>
> また建物については、「日本風といっても歌舞伎座のような桃山式の派手なものではなく、もっとすっきりとしたものにしたい」という意見に大倉さんも「自分もそう思う。絵で言えば光琳の豪華けんらんさでなく、光悦、宗達の精神をくんだものにしたい」と言われた。そして作るなら最高級のものにすることでも一致した。

ただ一つだけ意見が違ったのは、大倉さんがいいものさえ作っておけば、客は自然に集まって来るという考えであったのに対し、私は、座して待つのではなく、世界中に営業の網を広げて客をつかまえてくるつもりだ、という点だった。「それはそれで結構だ。全部君に任すから良いものを作ってくれ。もし変なものを作ったら、二十年でも三十年でも、五十年でも文句を言うよ」と言ってくれた。

ホテルのコンセプトについての見解は、会長と社長とでほぼ一致していた。あとはそれをどう設計デザインや什器・備品調達に反映させていくかだが、その実施過程ではさまざまな見解の相違があり、意匠デザインのやりなおしが幾度もおこなわれた。

ホテルの建設工事は、旧大倉財閥系の大成建設が担当することは既定路線だったが、設計施工を建設会社に丸投げする従来の手法では、喜七郎たちの意匠に対する高度な要求を実現することはできない。そこで大成観光は、東京工業大学教授で建築界の大御所である谷口吉郎（たにぐちよしろう）を長とする設計委員会を組織して、設計実務を委託することにした。

東宮御所、慶應義塾大学第三校舎、藤村記念堂などを設計した谷口は、愛知県犬山市にある博物館明治村の初代館長でもある。日比谷の鹿鳴館が解体されていくようすを目にした谷口は、明治期建築の保存の必要性を強く感じ、旧制第四高等学校（金沢市）の同窓生である名鉄会長の土川元夫に専用施設開設を持ちかけて、それを実現させたのだった。

ホテルオークラがライバルとして強く意識した帝国ホテル・ライト館は建替えが決まった当初、完全撤去されるはずだったが、当時の佐藤栄作首相から「一部でも保存できないか」と相談された谷口は、政府の予算的支援を条件として交渉し、エントランスおよびロビー部分の明治村への移築を実現させた。

設計委員会にはほかに、外務省庁舎を設計した小坂秀雄、大倉集古館を設計し日本の伝統様式に精通する清水一（大成建設所属）、三菱地所建築部長の岩間旭、虎ノ門病院を設計した伊藤喜三郎という実力者たちが参画した。

「つくるなら最高のものに」と宣言した社長の野田は、右腕として招聘した青木寅雄とともにホテル事業の経験はまったくなかった。だが、彼はかつてホテルのヘビーユーザーだった。戦前、日本綿花の駐在員として米国国内をセールスで駆けまわった彼は、各都市にいくとかならず一番高級なホテルに泊まり、ロビーラウンジなどで商談をするようこころがけていた。

それは、極東の島国からやってきた駐在員が、白人の信用をえるための〝背伸び〟であり、相手への心理作戦だった。ただし商売相手の目に触れることのない客室はホテルで一番安い部屋をとった。そういえば帝国ホテルに喜七郎のポケットマネーで長期滞在していたオペラ歌手の藤原義江も「船は一等、ホテルも一流、しかし客室は一番安い部屋」という主義だった[33]。

生糸のセールスのため**全米四十八州**のほとんどを回った。**アメリカ人**のセールスマンに**任**せていた**生糸**の**売**り**込**みを、**私**たちが**直接**やろうというのである。けれども**相手**の**社長**などは、**白人**のセールスマンでもなかなか**会**えない。**日本人**なら**言葉**の**不十分**もあってなおさらだ。そこで**考**え**出**したのが、**高級**ホテルの**利用**であった。その**土地**の**最高**のホテルに**泊**まり、**商談**は**豪華**なロビーでする。**服装**、**身**だしなみにも**気**を**使**い、できるだけ**良**い**服**を**着**て、プレスもきかせ、**靴**はピカピカに**磨**いて、**髪**もきちんと**分**けてゆく。ただし**泊**まる**部屋**は**出張旅費**も**安**いしどうせ**寝**に**帰**るだけだから、**内庭**に**面**した**最低**の**部屋**にした。（『私の履歴書』より）

そういう商用旅行を重ねた野田は、高級ホテルのパブリックエリアや客室のあり方をいろいろとみてきて、使い勝手の判断基準でも目が肥えていた。

野田は社長就任からすぐに、海外の一流ホテルを視察する半年間の旅にでる。ホテルオークラの設計に反映させるためである。川奈ホテル社長で大成観光専務を兼務する片岡豊（かたおかゆたか）が同行し、大成建設の技師三人も引き連れての旅だった。

それは「ホテルに入るや、すぐ巻き尺を持って部屋や廊下を隅から隅まで測り、天井板を持ちあげて天井裏を覗き、暖房のパイプの配管、水道や湯の水圧まで調べた」(野田)というほどだった。

視察というよりも、盗めるものはなんでも盗んでやろうと執念を燃やした〝アイデア剽窃(ひょうせつ)〟の旅だった。大成建設の技師たちも、ホテルブーム到来でやがて日本国内での建設需要が急増してくることはわかっていたから、本場のホテル設計研究に必死だった。

そうして調べあげた欧米ホテルの施設・設備の最新レポートは逐一、設計委員会に手紙や電報で送られ、ぜひ設計に反映してほしいと訴えた。野田たちはホテル研究に没頭し興奮していた。ところが委員会内部では、野田がそうして意見をすればするほどうっぷんが溜まっていく。

「専門家でもない人間からあれこれと細かく口出しされては、仕事がやりにくくて仕方ない」

委員たちの反発も無理はない。施主側のトップがうるさく口出しすることほど、設計陣にとって厄介なことはないし、「それではなんのための委員会設置だったのか」と意欲が削がれてしまう。

野田は、帰国後にこのことを知って反省したと著書に書き残しているのだが、設計の実働段階からのつぎのような経緯からすればそれにも少々、疑問符がつく。設計委員会の会合は計三十六回開かれた。委員たちはそれぞれに本来の仕事をこなしながらの会合だから、これはかなりの回数といえる。またか、という思いも抱きながらの会議出席。それは喜七郎と野田がつぎからつぎへと繰りだすアイデアや質疑への対応に追われた結果だった。

なにしろ「帝国ホテルに追いつき、超える」と宣言したところからスタートした一大プロジェクトである。両人ともに気合が入りすぎて、設計委員たちは辟易したらしい。人生の総決算としての事業に執念を燃やす会長と、なんとしても日本の迎賓ホテルの最高峰を実現するという野心家の社長、その二人が相手とあっては仕方がなかろう。

また高度成長期とは、企業現場でそうした激烈な意見闘争が繰り広げられた時代でもあった。

ホテルの建設工事で一番の難題となったのは、大倉邸の敷地形状だった。大倉邸は現在の虎の門病院がある汐見坂側に正門を置いていた。そして大倉集古館のある側の裏門にむかって上りの傾斜がつづき、邸宅はその斜面を利して建てられていた。

もし、もとの正門側にホテルのエントランスを持ってくると、この一帯は住居専用区域であるために二〇メートル以上の建物は許可されず、六階建てが限度となってしまう。ところがそれでは東京五輪開催を見据えた五百室以上のキャパシティーは確保することは叶わない。

委員会と大成建設は打開策を求めて知恵を絞った。それは常識に挑む闘争でもあった。設計技師たちは鳩首して意見を闘わせた。そしてようやく導きだしたのが、逆転の発想ともいえる建物下部の「地階化」だった。

少々ややこしいが、つまりこうである。正門を坂上の大倉集古館側として、そのグランドフロア（五階に相当）にエントランスを置く六階建ての棟を設ける。それに連結する四～一階は坂下にむかって階層を増やしていくが、四階より下は「地下階」の位置づけとなるので、全体としては「塔屋＋地上六階＋地下扱いの地上四階＋本来の地下二階（駐車場・変電施設など）」になるわけである。

この結果、地上に表出していて客室の窓からは景色が一望できるものの、一階～四階が法規上は地下階になるので、天井にスプリンクラーを設置しなければならなかった[34]。この建て方を考案したのは、大成建設第七代社長の水嶋篤次だった。

それによってようやく建築許可と、五百室以上という客室数条件の両方をクリアすることができた。東京都もオリンピックにむけてインフラや宿泊施設の整備に必死で、多少のことは目をつぶるところがあったのだろう。なにしろ敷地は広大なので、容積率や日照権などに引っかかる心配はいっさいなかった。

ホテルの建物形状は三ツ矢式が採用された。三つの棟が三方に伸びる建築様式だが、じっさいには俯瞰するとT字に近い変形形状である。それによってどの棟の客室にいても広い庭園や市街の眺望がえられた。これも敷地が広大だからこそ採用できる贅沢な設計といえた。

竣工直前の三ツ矢式建築の本館。右下が大倉集古館

この独特な三ツ矢形状は、ホテルオークラの二年後に開業し、帝国ホテルとともに御三家と呼ばれることになるホテルニューオータニでも採用されることになる。

ニューオータニが開発された千代田区紀尾井町の広大な敷地もまた、かつて大名屋敷や旧伏見宮邸が建っていた土地だった。そこを、日雇工夫から相撲力士を経て鉄鋼事業で成功、巨財をなすというユニークな経歴を持つ実業家の大谷米太郎（おおたによねたろう）が買い入れていた。

オークラのライバルとなるニューオータニは、三ツ矢建築の頂上に回転式の飲食施設「ブルースカイラウンジ」（現ＴＨＥ ＳＫＹ）を設けて世間の注目を集めたが、それを最初に考案したのはじつは野田岩次郎だった。

野田は、欧米ホテル視察のさいに止宿したサンフランシスコのホテル、マークホプキンスで、最上階にレストラン＆バー施設があることにいたく感心する。日本のホテルでは当時、最上階に飲食施設を置くところは皆無だった。そこで帰国後に、ぜひレストランを最上階に置きたいと設計陣に申し入れたのだが、反対意見があいついだ。しかし野田は譲らなかった。

「客室にしてしまえばこの景色を堪能できるのはせいぜい数十人だが、レストランにすればその数は何百人だ」

そう説得を重ねた結果、最上階にバーラウンジの「スターライトラウンジ」とレストラン「コンチネンタルルーム」が設けられることになった。しかも野田は当初、そこに回転式のレストラン施設をつくるプランを温めていたのだ。ところがこれは設計陣の拒否反応があまりに強くて、結局は却下となってしまった。

その後、大谷米太郎が「わたしも紀尾井町に高級ホテルをつくることにしたので、いろいろご教示いただきたい」と野田のもとを訪ねてきた。この面談のさい、野田はこうアドバイスした。

「最上階に展望回転レストランをつくろうとしたのだが、設計におおいに反対されて実現しなかった。大谷さんのところでやってみてはどうか」

大谷はこれを即座に受け入れ、ニューオータニの回転ラウンジであるブルースカイラウンジが誕生したのだった[35]。高度成長に沸き立つこの時代らしい、ライバルに塩を送るおおらかさだった。

東京オリンピック開催に無理に合わせたため、千室を超す超大型ホテルにもかかわらず、ニューオータニの着工から竣工までの期間は一年と少しという異常な短さだった。設計図を描きながら工事を進めるという突貫ぶりだったのだが、そのうえ急に社長が「回転レストランを」といいだすものだから、設計・施工側の苦労は並大抵ではなかった。この展望レストランの大規模な回転機構には、尼崎製鉄（神戸製鋼所が合併）が保有していた戦艦大和の巨大な主砲の回転軸受技術が流用された。

ちなみにニューオータニの設計業務を手がけたのは、大成観光臨時建設部長だった柴田(しばた)陽三(ようぞう)がその後に設立した観光企画設計社で、施工はやはり大成建設だった。つまり経営はまったくべつで、それからしのぎを削っていくライバル同士だが、設計と施工の編成はまったくおなじだった。

粋を集めた意匠デザイン

一九六〇年（昭和三十五）六月二十七日。この日、ホテルオークラの起工式がとりおこなわれた。

梅雨のさなかなのに、数日まえから晴れて急に暑さがやってきていた。喜七郎と野田をはじめ、設計委員会委員長の谷口、大成建設代表者などがすっかり整地された旧大倉邸跡地に設営した式典場で鍬入れをおこなった。喜七郎終生の事業がいよいよ実動した。

この年は第十七回オリンピックローマ大会が開催され、秋に浅沼稲次郎社会党党首の刺殺事件があり、冬には第二次池田勇人内閣が所得倍増計画を打ちあげた。アジアで初となるオリンピック東京大会は四年後に迫っていた。またこの年には東急ホテルグループの第一号となる銀座東急ホテルが開業した。

いまはもう目にすることはできないが、旧ホテルオークラの外構壁面は「なまこ壁」に覆われていた。正確には「なまこ壁風の外壁意匠」ということになる。蔵建築などにみられる本来のなまこ壁は、壁土のうえに黒系や灰色系の平瓦を貼り、その目地部分に白漆喰をかまぼこ状に盛りあげてつくる。しかし五百五十室の巨大建築でそれをやるのは現実的ではない。そこで特注の平瓦風タイルをコンクリート壁面に直貼りし、その目地部分に白の磁製タイルを貼ることで、なまこ壁を再現したわけである。模倣ではあるが、これだけでも費用と施工の手間はかなり大きくなる。

なまこ壁を模した外構壁面の施工風景。タイルを一枚ずつ貼っていった

なまこ壁と聞いて、思い浮かべるホテルがある。明治改元の直前、慶応四年の秋に江戸の築地に完成した築地ホテル館である。明治五年の銀座大火であとかたなく消え去ったこのホテルもまた、外壁をほんもののなまこ壁が覆っていた。コロニアル式の西洋建築がなまこ壁をまとい、寺院風の設えの塔屋を戴くという和洋折衷様式の建物だった。

築地ホテル館の場合、なまこ壁の採用は防火対策であって、建築石板が普及する以前の時代ではそれが最良の選択だった[36]。ホテルオークラの場合は「日本らしさ」の表現手段であり、各階のあいだに庇を設けて横のラインを強調する城郭建築にヒントをえたデザインと相まって、外観デザインの大きな特徴となった。

外構設計は、最初は委員長の谷口が担当することになっていた。彼が提案したのは「マリオン（方立）」という縦のラインを強調するデザインだった。しかし喜七郎と野田は、それでは現代的すぎて日本らしさに欠けるという判断を下した。そこで委員間でのコンペ制がとられ、小坂秀雄の城郭建築モチーフ案が最終的に選ばれたのだった。

谷口委員長としては複雑だっただろう。数々の賞を受賞している建築界の大御所である。その谷口の設計案が施主側の一存でいとも簡単に退けられるというところに、やはりホテルオークラに賭けた会長・社長の並々ならぬ意志を感じることができる。

だが谷口は、ホテルの顔となったあのメインロビーの独特な空間を創造した。天井から独特の形状をした照明器具の「オークラランタン」が下がり、エントランスエリアから一段低く設定した広いロビーエリアには、梅の花をデザイン化した丸テーブルと椅子を配した。日本的でありながら、西洋人にも理解可能な普遍的な美と価値観を備えたインテリアは、世界でただ一つのものだった。色絵磁器の人間国宝・富本憲吉（とみもとけんきち）による絵柄を西陣の純絹つづら錦に写した「四弁花紋様の装飾」や、喜七郎が指物職人のもとを訪ね歩くほどこだわった「麻の葉紋の木組格子」も空間に華を添えた。

外構立面、各フロア平面の基本設計が完了すると委員会は一度解散となり、各委員はそれぞれの担当分野での設計にいそしんだ。担当分野はつぎのようなものだった。

・谷口吉郎＝ロビー、オーキッドルーム（フランス料理）、オーキッドバー。
・小坂秀雄＝外装意匠、平安の間、千歳の間。
・清水一＝和風客室。
・伊藤喜三郎＝中小宴会場。
・ウイリアム・シュラーガー（顧問契約、米パシフィック・ハウス社所属）＝洋式客室、スターライトラウンジ、オークルーム（男性専用バー）、桃花林（中国料理）。
・柴田陽三＝コンチネンタルルーム（欧州料理）、エメラルドルーム（グリル料理）、エメラルドバー、カメリアコーナー（軽食）、山里（和食）。

このなかで当時、坂倉建築事務所に所属した柴田陽三は、大成観光・臨時建築部部長を兼務して工事監理にもあたった。柴田はこの経験をもとに独立して観光企画設計社を設立し、ホテルブームに乗って開発されていく主要ホテルの設計をつぎつぎと請け負っていった。

大成観光は、設計委員会を設けただけでなく、内装や什器備品類の意匠デザインを高度なものとする目的から「意匠委員会」もべつに置くことにした。その長となったのは、喜七郎の義弟（妻久美子の弟）で漆芸家、漆工史家の溝口三郎（みぞぐちさぶろう）だった。旧越後新発田藩藩主の子息である。さらに舞台美術家で内装デザイナーの繁岡鑒一、イサム野口の弟子である彫刻家の広井力（ひろいつとむ）、工芸家の縣治朗（あがたじろう）、華道家の岩田清道（いわたせいどう）が委員に名を連ねた。繁岡鑒一は帝国ホテル・ライト館、川奈ホテル、赤倉観光ホテルでもインテリアと美術を担当しており、喜七郎に重用されたデザイナーである。

和の意匠の象徴として広く用いられたのは、イチョウと菱紋だった。

イチョウは、葉のかたちや黄葉のさまが日本人の美意識と深く結びついている。ホテル敷地となった旧大倉喜八郎邸には昔からイチョウが多く植えられていた。つまり大倉邸の象徴的な植物だった。その木立を、大倉集古館内に置いた開業準備事務所の窓から眺めていた野田は、イチョウの葉をホテルのシンボルとしてインテリアデザインや什器類の図案に採用することを思いつく。それはレストランの内装や食器、漆器椀、客室のカーテン柄、スイート専用の食器などさまざまな分野で表現されていった。

菱型を組み合わせた菱紋は、平安時代から公家社会の有職紋様のなかでも重要な位置を占めてきた。また室町時代からは家紋としても重用されてきて、大倉家のそれは菱を五つ重ねた五階菱である。菱紋はホテルの正面玄関外壁、エレベーター扉、各宴会場の屏風壁画などさまざまな部分に採用された。

インテリアの装飾品でとくに有名となったものにはつぎのようなものがある。

メインロビー。ランタンと梅の花を模したテーブル椅子が印象的

【四弁花紋のつづれ織】 メインロビーとメインレストランであるオーキッドルームのあいだの壁面を飾った、巨大な織物壁画。磁器陶芸の人間国宝・富本憲吉が描いた四弁花紋様を、京都西陣の美術織物会社が純絹のつづれ織りにした作品で、喜七郎が好んだ蘭を膨(ふく)れ織り(凹凸のある紋様)にして屏風に仕立てた。繊細、緻密な織りの作業には膨大な時間を要した。出来上

がったパーツから東京へ発送し、最終的にホテル現場での据えつけ作業が完了したのは開業当日の午前五時だった。

【オークランタン】 古墳時代の装飾品の一種、多面体の切子玉をモチーフとした照明器具。五角形の板を十枚つなぎ合わせて切子型とし、それを五連つなげて天井から吊り下げた。古代を想わせながら現代の和のイメージも持つ不思議なデザインだ。メインロビーのほかオーキッドルームでも採用された。

【梅型のテーブルと椅子】 メインロビーに配置された輪島漆で仕上げた円形のテーブルで、黒と朱、大型と小型の四種類があった。花弁に見立てたデザインの椅子を五脚置いて、上方からみると梅の花がイメージできた。ロビースペースは広大で、ふつうなら営業スペースであるラウンジを置くところだが、静かな雰囲気を保つためにあえてそれは置かず、だれもが自由に使える大空間とした。このあたりの気前のよさにも「喜七郎イズム」を感じるのである。

【麻葉紋の木組み格子】 さまざまな二等辺三角形を精巧に組み合わせて麻葉紋を表現した

組子作品。クギは一本も使っていなかった。喜七郎自身が指物の名人を訪ねてつくらせた。

【世界時計】設計委員長の谷口の発案で、セイコーの協力のもと制作された六大陸八十六都市の時刻を表示するモニュメント。野田岩次郎が所有する古いオランダ製の海図がモチーフとなった。古い海図と金屏風風の仕立ては斬新で、外国人客に好評だった。

竣工式のようす。中央で杖を持っているのが大倉喜七郎。その左が野田岩次郎。右が設計委員長の谷口吉郎

ホテルオークラ東京は二〇一九年に全面建替えとなったが、このさいに四弁花紋のつづれ織と麻葉紋の木組み格子については傷みが激しかったので、オリジナル作品を忠実に再現して新たに制作した。

またオークラランタンとテーブル・椅子は徹底した補修のうえで再利用されており、ランタンは電球がＬＥＤに替えられた。世界時計もリニューアルのうえ流用されたが、以前は時刻表示方法が押しボタン式だったものが、パネルタッチ式に置き換えられている。

第三章
虎ノ門に集った戦士たち

The Story of Okura

「虎ノ門に新しくホテルをつくっている。
帝国のライバルとなることをめざすホテルだ。
そこの厨房にきてくれないか」

初代支配人の蒲生恵一

一九五九年（昭和三十四）四月。新社長に就任することになった野田岩次郎は、すでに採用していた社員との初顔合わせのために、銀座二丁目にある喜七郎の本丸というべき大倉本館に赴く。大正初期に建てられた地上五階建てのノスタルジックな鉄骨レンガ造で、東京市初の高層ビルとなった立派な建物である。関東大震災や東京大空襲で一部損壊したものの奇跡的に残っていた（建て替えられて現オークラハウス）。

部屋にとおされて驚いた。開業準備スタッフがたくさんいるのだろうと思っていたが、そこにはたった六人しかいない。野田は、それが現在いる社員のすべてだと知ってやれやれと思った。喜七郎のこと、なにごとにも大盤振る舞いというイメージがあったが、考えてみれば会社設立の手続きに要したメンバーだから、六人は妥当だろうとも思う。とにかく野田は「力を合わせて、新ホテル開業にむけてがんばろう」と力強く訓示した。

そして同年五月二十七日の第一回定時株主総会で、野田、川奈ホテル社長片岡豊（兼任）、同副社長新庄赳夫（しんじょうたけお）（同）、青木寅雄の四人が取締役に選任され、つづいて開催された取締役会の決定で野田が代表取締役社長に、片岡が専務、新庄と青木が常務にそれぞれ就任して、いよいよ大成観光が実動した。開業準備事務所には大倉集古館の二階の一室があてられた。

喜七郎が理念と定め、野田が具現化していく「帝国ホテルに追いつき、超える」のスローガン。それを実現するための要素は二つあった。一つはグランドホテル（国や都市を代表するようなホテル）としてのたしかな質を備えた施設・設備で、もう一つはそれを動かしていく人材である。

施設・設備はすでに完成にむけて動きだしているが、人材はまだ白紙の状態だ。大倉集古館二階を間借りした狭い事務所で、野田と青木は経営・運営の理念や人材確保の方策を日々練った。

一から立ちあげるホテル。それも歴史のある帝国ホテルのライバルになっていこうという迎賓ホテルである。その責任の重さとこころ構えを、運営にかかわる従業員全員に理解してもらうための条文が必要だと二人は考えた。

それが創業のときから定めている「ベストA・C・S」で、いまも変わらず運営の現場に継承されている。「A＝アコモデーション（施設）」「C＝キュイジーヌ（食の魅力）」「S＝サービス」の略で、それぞれにベストの品質を保持するという宣言であり、それを達成していく気構えと使命感がホテルスタッフにはつねに要求される。いまとなってはやや古めかしく、高級ホテルではいわずもがなという感じもする標語だが、わかりやすいといえばわかりやすい。

そのモットーにつづく「ホテルオークラスピリット」もまたわかりやすい。「常に前進せよ!」「世界一のホテルをめざせ!」「和を保て!」「親切に徹せよ!」「楽しい職場をつくれ!」という標語集だ。五カ条文すべてに感嘆符がつく大仰なもので、いかにもこの時代らしい。

そして「ベストA・C・S」と「ホテルオークラスピリット」を一人ひとりが実現、実践していけば、日本の顔となるホテルになることもけっして夢ではないという筋道なのである。

その運営の現場を統べていく支配人を、どこのだれにするか——。

これは最重要課題である。運営トップの能力しだいで「ベストA・C・S」と「ホテルオークラスピリット」が光輝く指標ともなれば、ただの能書きにもなってしまう。社長はホテルの経験がなくても企業経営の才覚があればできるが、支配人はそれなりに現場経験を積んでいる者でなければ務まらない。しかも明治の世からつづく帝国ホテルと肩をならべ、それをいつか超えようというのだから、よほどの経験者、腕利きでないと駄目である。

社長の野田は思案する。そしてようやく一人の男に白羽の矢を立てる。横浜のホテルニューグランドで副支配人を務めていた蒲生恵一(がもうよしかつ)だった。

蒲生は京都大学を卒業して富士ニューグランドホテル（ホテルニューグランドが山中湖畔に設けたリゾートホテル）に勤務中、米国の名門コーネル大学に一年間留学した。同大学のホテル経営学大学院は、スイスのローザンヌホテル学校とともに世界のホスピタリティ産業界にとっての最高学府といったところで、ここに学んだ世界のホテル経営者や総支配人は数知れず、日本の業界人にも留学経験者が少なくない。ちなみに蒲生の家は、豊臣秀吉に重用され、利休七哲の武将茶人だった蒲生氏郷(がもううじさと)の直系の血筋である。

蒲生恵一
（ホテルオークラ社内報第１号より）

大正末年に誕生したホテルニューグランドは東京圏で帝国ホテルに次ぐ名門、老舗だから、候補はこの蒲生をおいてほかにいない。帝国を超えろと檄を飛ばすのだから、さすがに帝国ホテルに頭を下げて支配人や料理長の候補を譲ってもらうわけにはいかない。きわめて妥当な選択といえた。

野田はさっそく、ニューグランド社長の

野村光正（のむらみつまさ）と会って直談判する。ニューグランドとしては次期支配人の第一候補だからヘッドハントされるのはたいへん痛かったはずだが、野村は野田の熱意に屈して同意する。

蒲生本人にとっても、旧大倉財閥の二代目が記念碑としてつくる帝国のライバルとなるべきホテルという位置づけは魅力的だったはずだ。蒲生をよく知るオークラ創業期の社員の一人は、その印象をこう振りかえる。

「長身で非常にダンディ、私服のブレザーをいつも身につけ、まさに高級ホテルの支配人にふさわしい雰囲気を漂わせていた。いかにも切れ者といった印象だった」

こうして支配人が決まって野田は一安心した。あとは蒲生の意見を容れつつ、経験者を中心に各部門の責任者をスカウトしていけばいい。

ところが、である。組織というものはむずかしい。腕の立つ者ならばすべてうまくいくかといえば、そうともかぎらない。

それほど熱心なスカウトを受けて入社したわりには、蒲生の支配人として在任期間は開業から二年半と短く、ホテルオークラがそのころ経営技術支援をしたインドネシアの二つのホテル開業を指揮したあと、一九六七年には取締役からも下りて退職している。

この経緯については、野田あるいは青木とのあいだで最初から軋轢が生じていた可能性も考えられる。野田はホテルの設計段階で設計委員会の連中にさまざまな提案をして煙たがられた。開業後はレストランのメニュー一つ、客室の意匠一つにも口をだした。つまり、なんでも自分で決めないと気がすまない性質である。そうすることが「ベストA・C・S」を高めて保っていく動機づけになると信じていた。その点は彼の著述でもたびたび触れられている。

さらに野田の女房役で総務人事担当の青木は、絶対に経営を失敗させないという立場から購買や原価管理にたいへんうるさく、スタッフの運用にもいろいろと口をだしていた。この野田と青木の経営哲学についてはこのあとの章で詳述することにするが、そんな経営トップの姿勢が運営の現場に混乱を生じさせた可能性はある。

かたや蒲生は蒲生で、コーネル大に留学して、歴史のあるホテルニューグランドの副支配人を務めて次期支配人と目されていた俊英だ。強いプライドがあり、じっさいにそれに見合うだけの経歴と専門知識がある。野田と青木には会社経営の責任があるが、一方の蒲生には運営現場を統括していく責任がある。

方針をめぐって意見の相違を生み、ぶつかり合うことが多々あっただろう。本来であれば経営者は、運営現場の業務に関しては支配人に権限を委譲すべきである。その権限分離はたとえば米欧のホテル産業界では常識となっているのだが、なにしろ日本のホテルはまだ成長期の端緒にあって、新しくできたホテルではマネジメントの体制そのものが試行錯誤の連続だった。

蒲生はホテルオークラを退職後、東急傘下のホテル企業である東急国際ホテル（一九五九年設立でのち東急ホテルチェーンと合併）の常勤顧問となり、そののち京急電鉄グループが一九七一年に品川で開業したホテルパシフィック東京に開業支配人として迎え入れられ、専務取締役となった。ちょうど東京圏の私鉄各社が雪崩を打つようにホテル事業に参入した時代である。蒲生は同ホテルの従業員たちに高級ホテル運営のノウハウを一から伝えていった。

ただ、蒲生はそのホテルパシフィック東京もまた、五年ほどで退社しているのである。蒲生の指導のもと、同社で若手社員のホープとして開業期をすごし、のちにホテルグランパシフィックメリディアン（現グランドニッコー東京台場）の専務取締役総支配人を務めた林八郎（はやしはちろう）はこう回想する。

「蒲生さんはとにかくホテル運営に対する確固とした信念の持ち主。一種、近づきがたいような威厳がありましたね。運営哲学や実務の後進への伝承にも熱心で、各部門から若手を十人選抜して直接指導するということもやっておられて、わたしもそこに入れてもらった。『帝国やオークラに追いつくためのサービスとは』という命題が与えられて、レストランでのイベント企画を考えて提案したら、パシフィックは高級なサービスを売りものにするのだから、そういうものは必要ないとキッパリいわれたりして。そういう方だったから、高級ホテルといえどある程度は庶民性も必要という、電鉄本体の方針と合わなかったようです。電鉄としてはあくまでホテル単独でしっかり利益をだすことを求め、それには料金、単価をある程度は下げて客数を増やす、親しみやすい営業企画を打ちだすといったことを求めたはずだけれど、蒲生さんが抵抗することも多かったと聞いています」

電鉄は「沿線」の商売である。都心のターミナルから郊外に沿線を伸ばしていって、その沿線に住宅地を開発して多くの住民を住まわせ、通勤通学の需要を生みだす。そしてこの時代からは都心ターミナル駅に企業グループのイメージリーダーとしての「憧れの高級ホテル」を置き、郊外にはショッピングセンターや遊園地などを創出して運送需要や消費のさらなる拡大をめざした。

その一連の展開では、高級ホテルであってもどこかで「庶民性」が意識されていなければならない。それがあってこその電鉄のホテルという方程式がある。それに対してホテル運営の〝原理主義者〟である蒲生は、あくまで高級ホテルとしての理想像を追求して譲らず、妥協することなく、結局は会社を去ることになったのだろう。

これとそっくりな話がある。

前章で、野田が社長就任を引き受ける条件として喜七郎に三つの要求をだした経緯に触れたが、それが帝国ホテル初の日本人支配人となった林愛作のおこないにそっくりだと記した。その林愛作は、初代帝国ホテル本館の全焼とフランク・ロイド・ライト設計による二代目本館工事の遅延の責任をとって支配人を辞任したのだが、しばらく隠棲したのち、阪神電鉄に乞われて兵庫県西宮市に計画していた甲子園ホテルの開発責任者となり、開業後は初代支配人（常務取締役）に就任した。林としては、無念の裡に去ることになった帝国ホテルに比肩するような、そういうホテルをつくってやろうという使命に燃えてのスカウト受諾だった。

しかしその林もまた、ホテル開業（一九三〇年）の翌年にはやくも支配人を辞任し、三年後に常務取締役の役職も返上してホテルを去ることになった。この理由は不明なのだが、財界重鎮たちに乞われて帝国ホテル支配人となった矜持と、ライト館に比肩するほどの立派な迎賓ホテルを西宮につくるという高い使命感が、やはり、沿線開発の一環として庶民性を意識したい阪神電鉄の方針と相容れなかったのではないかと推測できる。

ホテルオークラを去り、ホテルパシフィック東京も去った蒲生恵一は、支配人職だけにとどまらず、コーネル大に学んだ知識を生かしてホテル経営や運営実務に関する書籍も執筆し、専門雑誌への寄稿もおこなっていた。

著書には『ホテル経営 その原理と実務処理』（一九六〇年）、『ホテル・マネージメント』

（六三年）、『世界の一流ホテル』（六八年）などがある。日本建築学会発行の権威ある『建築雑誌』一九六四年九月号でも、大成観光で臨時建設部長を務めた柴田陽三らとともにおこなった座談会「高層化とホテル経営」で持論を述べている。また東洋大学教授、ＹＭＣＡ国際ホテル学校講師も務めるなど、ホテル界を支えていく後進の育成にも力を入れていた。

どちらかといえば運営統括の仕事よりも、学究肌でホテル経営学の立場から後続を育てることに意義を見出していたのだろうし、そのほうが性に合っていたのかもしれない。蒲生は後年、日本ホテルレストランコンサルタント協会の初代会長となり、コンサルタントとしての立場からもホテル業界の発展に寄与した。

喜七郎に励まされた大崎磐夫

その蒲生の直属の部下で、開業準備段階に企画部員としてさまざまな営業企画立案に携わったのが、のちに第六代社長（大成観光から株式会社ホテルオークラへ改組後の第三代）となる大崎磐夫（おおさきいわお）である。

ただ、企画部といっても設置当初は部長の蒲生とヒラの大崎の二人だけだった。それで什器備品類の調達、原価計算にもとづく客室や宴会など各商品の値決め、運営企画立案など開業準備業務の多くを担当しなければならなかった。

大崎は相談役に退いていた二〇〇六年に「ホテルオークラ開業の頃」と題する社内むけの回想禄（A４用紙で十三枚）をまとめている。大成観光入社当初からホテル開業後までに体験した業務内容を克明に伝えるもので、それはときにホテル開業に携わる後続の者たちの参考書となり、励ましのメッセージとなってきたものだ。

ここでは、その回想録から開業スタッフとしての苦闘ぶりを振りかえってみる。

大崎磐夫

大崎の家は、大倉家と近しい。磐夫の父親の大崎新吉は、大倉喜八郎と喜七郎の二代に仕えた番頭で、大倉財閥の入山採炭の会長を務めた。同社は戦中の政府の炭鉱整理方針によって浅野財閥の磐城炭鉱と合併して常磐炭鉱となり、新吉が引きつづいて会長を務めた。そして大成観光では監査役にもなった。

息子である大崎磐夫は市ヶ谷近くの四番町の家に生まれ、一橋大学をでるとすぐに父親の常磐炭鉱に入った。田舎道をフランス車ルノーで飛ばして炭鉱事務所に通勤するモダンボーイだったが、このあたりはどこか喜七郎と通じるところがある[37]。会社で配属されたのは経理部で、採炭の効率最大化を図るための原価計算の専門班に属した。折しも輸入石油が石炭にとって代わろうという時代で、徹底的に収支効率をあげないと事業は成り立たなくなっていた。原価計算専門班はそのために新設されたのだ。

入社して七年ほどすると石炭はますます石油に追いやられ、炭鉱事業は急速に斜陽化していく。三十歳になっていた大崎はそこで炭鉱に先はないと判断し、父親に転職を相談した。

「旧大倉財閥の会社が石油事業に参入する。それから、喜七郎さんが東京でホテル事業に乗りだす。そのどちらかで仕事を世話してやろう」

そう父からいわれた大崎は、迷うことなくホテルと決める。そして一九六〇年五月中旬、父親と二人で銀座の大倉本館に喜七郎を訪ねる。頂点に君臨する会長と直に面談するのだから、これほど強力なコネ入社はない。

「炭鉱ではどんな仕事をしていたの？」

そう問いかける喜七郎に大崎は、経理で原価計算班の主任をしていたと答える。

「それはいい。これからのホテルでは君のような原価計算がわかる人材が必要だ」

喜七郎からそう告げられて、若者はおおいに恐縮する。昔はコスト意識の微塵もなかった喜七郎が原価計算という言葉を口にするのだから、人生最後の事業によほど慎重になっていたのだろうか。

じっさいに完成したホテルの内外装や什器類にかけた費用の膨大さを考えれば、いかにも喜七郎らしい〝無邪気〟なその場かぎりの言葉だったという気がする。もっとも、それだけ費用を投じて唯一無二に仕上げた空間や備品類が高く評価され、海外のトップビジネスマンや富裕層旅行者の支持を集めたのだから、費用対効果は十分にあったとみるべきだろう。

入社はすぐに決まった。旧大倉邸敷地にはまだホテルの影もかたちもなく、広大で起伏の多い敷地の隅に建つ大倉集古館の二階に開業準備室があった。そこに八月の暑い日、大崎は野田岩次郎社長を訪ねた。いろいろ話した最後に給与の話になったが、野田は「しかるべく決めるから」と一方的にいいわたした。会長直々のコネ入社ということもあって大崎は期待した。

ところが常磐炭鉱時代の月給二万七千円より低い二万四千円と決まって、大崎はがっかりした。入社してからわかったことだが、ホテルの現場経験組は四〜五万円で、未経験組とのあいだには大きな開きがあった。しかし大崎は仕事で成果をあげて昇給させてやるとこころに誓う。

直属の上司である蒲生は支配人として迎えられたのだが、まだ「現場」は存在しないので企画部長として、さまざまな開業準備にあたった。手はじめに着手したのは客室料金の設定だった。原価計算を専門にやっていた大崎としてはやりがいのある任務だったが、なにしろホテルというまったく未知の分野のこと、なにもかもが手探りだった。

もちろん帝国ホテルや横浜のホテルニューグランドなど、おなじ水準のホテルの料金は参考にする。しかしそれと同等とするだけでは利益を確保できる保証はない。客室面積、内装材・家具類・什器類のグレード、客室部門人件費などありとあらゆる原価・費用を緻密に計算して適正料金を算出するのでなければプロの仕事とはいえない。ホテルの経験はないが商社や鉱山会社で活躍し、さまざまな会社の相談役・顧問も務めた野田と青木は、その点を強く突いてくる。

蒲生の要求や助言にしたがって、大崎は計算作業を重ねていったが、まだ電子計算機は普及していなかった。米国フリーデン社製の卓上電気計算機は日本にも登場しはじめていたが、大卒初任給が一万円の時代にそれは百万円ほどもした。国内では五〇年にカシオ計算機がリレー（継電器）式計算機を開発していたが、大きさは机大で、まだ試作品のような位置づけだった。コンパクトな（それでもキャッシュレジスター大だった）卓上型が登場して、企業現場に普及していくのは六〇年代後半からだった[38]。

高額な収蔵美術品の盗難を防ぐためもあって、美術館である大倉集古館は午後六時で全館が閉まる。だからその二階にある開業準備室では残業ができない。それで二人は杉並にある蒲生の自宅で夕食をともにし、毎日のように残業をするのだった。ホテルはまだ姿がないものの客室や宴会をまえもって販売するためには、料金体系をいちはやく決めなければならない。

残業は連日遅くまでつづいた。蒲生宅で仕事に熱中していると、蒲生の幼い末っ子が部屋に闖入(ちんにゅう)してきて仕事のじゃまをした。その末っ子はやがてホテルオークラに入社して海外セールス課長を務めるようになり、大崎が仲人を引き受けることになった。

宴会もやはり、宴会室料の設定をどうするかがカギとなる。料理の内容は希望単価によって自ずと決まってくるが、室料については客室料金と同様に、内装・設備・什器備品の費用や人件費（従業員＋配膳業務外注分）を綿密に計算して算出する必要がある。その作業の結果、ホテルオークラの看板宴会場である「平安の間」（九七〇平方メートル）は一日貸し切り料金を百四十万円に設定することになった。

一九五五年開業の赤坂プリンスホテル旧館（旧李王家邸を活用）の一日全館貸し切り料金（宴会場のみ約六五〇平方メートル）がこのころ八十万円だったから、比較するとやははりかなり高い。

「こんなに高くては売るに売れない。もう少し下げられないか」

設定料金を諮ると、宴会営業担当は気色ばんだ。

「宴会ではほかに競争相手はいない。使い方によっていろんな演出が可能になる。それを武器に自信を持って売ってほしい」

大崎は施設・設備の優位性を細かく説いて相手を説得した。平安の間は、国際会議にも使用できるよう七カ国語対応の無線通訳設備・体制を敷いたほか、三カ所のせり舞台（昇降装置を備えた舞台）を設けるなどさまざまな演出を可能としていて、たしかにそんな宴会場はほかのどんなホテルにもなかった。その使い方をいろいろと考えて提案すれば、企業の製品発表会や周年パーティーなどは可能性がどんどん広がる。

雰囲気も華麗だった。平安の間の両側壁面には、京都西本願寺に伝わる国宝和歌帖「三十六人家集」をモチーフとした大壁画が掲げられていた。この壁画は喜七郎会長の強い意向で設置が実現したもので、壁面画家の縣治朗が制作した。縣は、喜七郎と親交のあった古絵巻・古筆研究の大家で人間国宝の田中親美（しんび）の後継者である。

大崎がいったとおりに、その後の宴会営業は好調がつづいた。しかしその好調ぶりはなにも、最新の施設・設備や営業社員たちの努力によるものだけではなかった。社長である野田岩次郎の存在が大きかった。

野田がGHQによる財閥解体の主要業務で辣腕をふるったことは前述した。解体対象となった財閥企業はGHQの手先になって働く野田たちを最初は白い目でみたが、やがては傘下企業の生き残りに力を貸してくれたことに恩義を感じるようになる。そして高度経済成長期に大きく成長したそうした企業群は、野田が社長を務めるホテルオークラを宴会や接待で使うようになった。

野田は長崎市の出身である。長崎は幕末のころからの造船基地であり、三菱造船をはじめ関連企業の拠点が多い。そうした長崎つながりの企業も、東京での宴会開催や宿泊でオークラをよく使ってくれた。

ホテル開業一カ月まえになると、大崎の上司の蒲生は支配人に就任し、企画部は廃止された。それに代わって誕生したのが業務課で、大崎は業務課長に抜擢される。業務課は野田社長直属のセクションであり、経営企画、宣伝広報、イベント企画、F&B（フード&ビバレージ＝料理飲料）コストコントロール、完成したホテル施設の不具合調整など業務内容は多岐にわたった。この激務は、大崎のスキルをさらに大きく伸ばすことになった。

客室部門の事前予約状況は比較的スローだったが、F&B部門はとくに宴会の予約が絶好調だったので対応に追われた。大倉集古館内に置かれた事務所の役員室応接間で、大崎は一カ月間ばかり寝泊りをすることになった。警備のため集古館全体が午後六時以降は完全閉鎖されるので、残業するなら朝までやるしかなかったし、朝になったらそのまま就業という怒涛の勤務パターンだった。高度成長期には私生活を犠牲にしてひたすら働く「モーレツ社員」なる言葉が生まれたが、大崎もまたそういう会社人間の一人だった。

開業時には従業員数八百人体制でスタートしたが、とくにF&B部門の労働力が不足していて、その補充が喫緊の課題となった。そこで百人を急いで集めて現場に投入し、なんとかサービスレベルを維持することができた。開業してみないとわからないことが大型ホテルではじつに多いということである。

まだホテルには従業員の仮眠施設もなく、レストランや宴会場の床で毛布をかぶってゴロ寝するという状況がつづいた。従業員仮眠施設「アネックス」が完成したのは開業から三年経った一九六五年だった。

業務課長としてホテル開業に力をつくした大崎は、そのあと取締役、常務（業務管理室長）、専務、副社長と順調に出世階段をのぼっていく。切れ者と評されて、さまざまな新サービスや施設の改善計画を主導していった。

そうして大崎がホテルオークラ社長に就任したのは一九九五年のこと。バブル崩壊の影響が本格的に日本経済を蝕みはじめていた時期で、この年の八月に兵庫銀行が経営破綻し、戦後初の銀行破産として注目を集めた。九五年といえば社会不安が一気に増大した年でもあった。一月に阪神淡路大震災が起こって関西経済圏の活動が大幅に停滞し、三月になるとオウム真理教による地下鉄サリン事件が発生して東京の市民生活が混沌とした。

奈落へとむかう巨大な不良債権処理の悪夢は、やがて九七〜九八年にかけて北海道拓殖銀行、日本長期信用銀行、日本債券信用銀行、山一證券、三洋証券などの破綻につながり、日本は底なしの不況にむかってまっしぐらに突き進んでいく。

大崎はそういう状況のなか、日銀出身の佐藤晃一（さとうこういち）のあとを継いでオークラ初の生え抜き社長となった。シティホテルで最大の収入源だった宴会需要は雲散霧消し、レストランの接待需要も一気にしぼんだ。宿泊需要も急減したので、稼働率優先で単価を下げざるをえなかった。客室はつねに清掃し空気を入れ替えておくことが必要で、そのためには安売りしてでも回転させておかなければならない。

さらに対ドル為替レートは九五年に百円を割りこみ、八〇年代半ばとくらべて百五十円近くの円高となって訪日旅行需要も激減した。社長就任のタイミングとしては最悪で、貧乏クジといってもいいくらいだ。

九七年になって、大崎は自ら「会長・社長の七十歳定年制」を取締役会に諮ってそれを採決させる。前任者が院政を敷き、影響力を残していては経営スピードが鈍るという判断からである。グローバル経済の荒波に揉まれる日本企業は、経営判断がもたついていては競争からすぐに置いていかれる。大崎はそう判断したのだ。そして九九年、六期ぶりの最終黒字を達成したのを機に、自らそれに従って相談役に退いた。

大崎は、野田岩次郎の信奉者である。経営トップとなっても設計や意匠にまで細かく口をだすあたりはうり二つで、野田が海外ホテル視察でえた情報を設計委員会に逐一送って煙たがられたように、大崎もまたパブリックエリアの改装、客室の新デザイン導入でこと細かに注文をだして部下たちを困惑させた。

法人依存体質からの脱却を図り、新規需要を掘り起こさねばならなかったこの時代、多様な価値観を持つ個人客に対していかに内装デザインや商品が訴求できるかが最重要テーマだった。だから大崎も必死だったのだ。

報道関係者に愛された橋本保雄

大崎磐夫から少し遅れて入社してきたのが、開業後すぐに宴会課長を任された橋本保雄（はしもとやすお）だった。大学卒業後に東京ＹＭＣＡ国際ホテル専門学校で学び、東京駿河台の山の上ホテルを経て開業準備中のオークラにやってきた。ホスピタリティビジネスの要は、いかに客のこころをつかむかという点にあるが、この「こころをつかむ」ということに人生を賭けたホテルマンが橋本だった。

力士のような立派な体格、ふくよかな顔にトレードマークのゲジゲジ眉毛。一目みたら忘れない容貌とは、橋本にこそふさわしい言葉だった。そしてそんな容貌もまた、ひとのこころをつかむための天賦ではなかったかと思える。快活で話術も巧み、とにかく会った相手を飽きさせない。二〇〇八年に逝去したが、いまも伝説のホテルマンとして語り継がれる存在である。

橋本保雄

いまでは退潮気味だが、一九八〇～九〇年代には主要ホテルがさかんに報道関係者を招いての懇親会をやっていた。メディアにホテルのことをとりあげてもらう機会を増やす目的と、ホテルでなにか問題があったときの広報面でのリスクマネジメントのためである。いまは一般メディアよりもSNSのインフルエンサー対策などに宣伝広報手法の比重はシフトしてしまっているが、とにかく九〇年代まではかなりの頻度で懇親会をやっていた。

そしてホテルオークラの報道関係者懇親会で一番目立っていたのが橋本だった。そのまわりにはいつも大勢の記者や編集者がいて、楽しそうに語らっていた。橋本の話術に引きよせられていたのだ。客のこころをつかむことに長けていたが、報道関係者のこころをつかむのもまた巧みだった。

名物ホテルマンだった橋本はまたたいへん筆まめでもあった。会社経営の舵取りに加わって多忙を極めるなかでも、『感動を与えるサービスの神髄』『共感を創る。』『接客術人を惹きつける8つの力』『クレーム対応術』といった著作を多数出版している。それらはつまり「ひとのこころをつかむ」ための要諦を、ホテル業界だけでなくサービス産業全般にむけて伝える啓蒙の書である。語り口はどこか宗教家の説教に似たところがある。

橋本のことを「宴会の神さま」と呼んだひとたちがいる。新任社長のお披露目会、周年イベント、営業のインセンティブ(報奨)イベントなどの企業宴会、そして人生最大のイベントである結婚披露宴。そうした宴会を「食事と酒をふるまう場」から「いかに参加者を楽しませる場に変えるか」で知恵を絞ることを、橋本は社内で徹底した。

いまでは定番となっている結婚披露宴でのケーキカットや各テーブルへのキャンドルサービスも橋本が最初に考案したものだった。またジューンブライドを日本に定着させたのも彼の功績だった。

日本の六月は梅雨で雨つづきだから、昔は婚礼予約がまったく入らなかった。なんとか六月の宴会場稼働をあげる妙案はないかと考えていた橋本はある日、ヨーロッパに古くからある言い伝えを知る。それは「六月の花嫁は幸せになれる」というものだった。農作業の繁忙期となる春や秋を避けるために生まれたという説もあるが、その言い伝えがやがて欧米でジューンブライドとして定着していったのだ。

宴会課の社員たちは、ジューンブライドの伝統を伝えつつ、ホテルであれば挙式も披露宴も屋内でおこなえて濡れる心配がまったくないこと、空調設備が完備していること、出席者の控え室も存分に確保できることなどを世間やカップルに伝えた。そして橋本は報道関係者を集めた場で、得意の弁舌でジューンブライドのなんたるかを得々と説き、メディアに世に広めてくれるよう頼みこむのである。

一方、企業宴会ではオークラはさまざまな演出やサプライズのプログラム化を進めた。前述したようにオークラ最大の宴会場・平安の間には三カ所のせり舞台まで設置されていたから、来場者があっと驚く仕掛けをプラグラムに入れることも可能だった。それまでの企業宴会といえば、何人かのあいさつのあとに「ごゆっくりお食事とお飲み物をお楽しみください」というだけの催しだったが、そこになにか「こころをつかむ」ものを入れこみたいというのが橋本の考えだった。

橋本保雄は宴会課長のあとは料飲部長、マーケティング部長を歴任し、八九年に専務取締役、九五年に副社長に就任し、九九年に顧問に退いた。

ホテルの創業期に、宴会のセールス課に属して企画立案に力を注いだ若手がいた。

ホテルオークラ別館が開業した一九七三年（昭和四十八）、丸の内の東京會舘からオークラに移った諏訪健一（すわけんいち）である。

諏訪は東京に本拠を置く企業の周年を徹底的に調べ、それらの企業に周年イベントの企画を提案していくのだが、そこでは舞台装置、音響、各種モニュメントなどを駆使したプログラム事例を豊富に用意した。

それらを組み合わせることで、オリジナルでサプライズ性のあるイベントが可能となる。いまでは営業成績に対する報償、意欲喚起を図るためのインセンティブツアーやインセンティブイベントで定番となっているような仕掛けを、オークラは七〇年代に確立していた。

「ニーズの先まわりをして、魅力ある提案をしろ、楽しませろ。それがオークラの宴会戦略でした。宴会場があるからどうぞという待ちの姿勢では『帝国ホテルに追いつけ』を実現できるわけもない。いろんなホテルからの寄せ集め集団だったけれど、みんなおなじ方向をむいて必死でした」

のちに広報部門に移って国内広報で活躍した諏訪はそう話す。

オークラが開業した六〇年代はちょうど企業社会で労働組合活動が力を持ちはじめていた時期で、ライバルとなる帝国ホテルでも組合が発言力を増し、超過労働などでなかなか無理が利かなくなっていた。そこにも新開業のオークラが需要を獲得してくるチャンスがあった。労務上の多少の無理は従業員全員が許容していたし、自分たちが新ホテルを、日本を代表する迎賓ホテルにしていくという夢と熱気が現場にはうず巻いていた。

この時代のオークラが帝国ホテルを強く意識した経緯は、日本航空と全日空の関係に重なる。ナショナルフラッグ・キャリアの座にあった日本航空は一九八七年に完全民営化されたが、その前年の一九八六年、全日空は悲願の国際線初進出（成田〜グアム線）を果たして、いよいよ打倒日航を誓っていく。そして日本でも航空自由化が本格化し、互いの路線シェアを奪い合う激しい競争が繰りひろげられていった。

六〇〜八〇年代とはつまり、そうして国を背負って生まれた企業に、後発企業が狂おしいまでの闘いを挑んでいく時代だった。

料理人たちの強烈なライバル意識

ホテル開業にあたって、運営現場の長である支配人の選定はもちろん最重要ポイントだったが、調理部門の長をだれにするかも、帝国と肩を並べようというホテルにとって大きな課題となる。

いや、ある意味では支配人以上に大事だ。支配人はいってみれば〝裏方〟だが、料理長はホテルの顔としてメディアにもたびたび露出する。料理長の顔を売ることは昔からホテル広報の優先手段である。だから、キャラクターの立つ名料理人であることが要求される。そして少なくともフランス料理においては、帝国と伍していける人材を確保することがどうしても必要だった。

野田をはじめ重役連中は、これはと思うレストランに足を運び、だされる料理とそこから垣間みえる料理人の人間性を品定めしていった。そして、のちにホテルオークラ総料理長となる小野正吉(おのまさきち)という才能にたどりつく。

戦前、小野は、横浜のホテルニューグランドが東京に設けていた支店レストラン「東京ニューグランド」で働いていた。その関係もあったのだろう、野田によれば、小野のスカウトを進言したのはニューグランドから移って支配人に就任した蒲生恵一だった。

戦争に突入し、小野は召集されてニューギニアのラバウルに送られた。対米豪戦の要衝となったソロモン諸島を護るためのラバウル航空隊基地があったところである。階級は軍曹で分隊長だった。ラバウルは地上戦こそ回避されたが、航空基地を叩くための米攻撃機による空襲が執拗におこなわれ、爆死する兵も多かった。ラバウルから近いソロモン諸島のガダルカナル島では、補給線が絶たれたために多くの餓死者をだした。

小野正吉

そういう修羅場をなんとか生き延びて現地で終戦を迎え、小野は日本にようやく帰還する。故郷である横浜の港に降り立ってみれば、雇用先だった横浜のホテルニューグランドはGHQに接収されていた。そのスイートには最高司令官のダグラス・マッカーサーが東京進駐までのあいだに一時滞在した。接収は一九五二年（昭和二十七）までつづいた。さらに勤め先だった東京ニューグランドも接収されて連合軍高級軍人用のレストランと化していた。

そのため小野は一時、横浜の米軍病院の調理施設に勤めることにした。憎き米軍の施設に入るわけだが、終戦直後のこと、ほかに仕事はないので仕方がなかった。仕事は賄いのようなもので、小野としてはそんなところで磨いてきたスキルを錆びつかせるわけにはいかなかった。

しばらくして西洋料理レストランの銀座アラスカに勤めることができて、さらにブリヂストン・アラスカ（京橋）、月ヶ瀬コックドール（銀座）と、当時としては街場で最高峰のフランス料理レストランで腕をふるった。月ヶ瀬コックドールは、松本清張の小説『点と線』にも登場する当時の大人気店だった。

小野はそれから一念発起して独立開業の道を選択する。帝国ホテルの近くに日比谷アラスカを開いて副社長兼料理長となったのだ。オーナーシェフというわけである。それまでとちがって、ひたすら料理に打ちこんでいればいいというものではない。資金調達のため銀行に頭を下げてまわるという経験は自身はじめてだった。

料理人として生きてきた男にとって、その選択がよかったのかどうか。答えはすぐにでた。店はうまくいかず結局、一年足らずで閉店となってしまうのである。小野のなかで、経営者なのか料理人なのかという迷いが渦巻き、自信を失っていた。

慣れない経営実務に翻弄されて料理に集中できず、鬱々とした毎日を送る小野。だいぶ経営が苦しくなっていたその日比谷アラスカにある日、スーツ姿の男性だけの客たちがぞろぞろと入店してきた。野田岩次郎ら大成観光の重役たちだった。そして名を明かさずに料理を注文した。オーダーしたのはブイヤベースとローストビーフだった。

それを口にした野田は何度もうなずき、ほかの重役たちに目で意思を伝えた。野田はサービススタッフを呼んで、料理長である小野に会いたいと告げた。やがて厨房からコックスーツの小野が姿をあらわした。野田たちは身分を名乗り、名刺を差しだした。

「虎ノ門に新しくホテルをつくっている。帝国のライバルとなることをめざすホテルだ。そこの厨房にきてくれないか」

野田はそう性急に小野に告げた。いきなりのスカウトに小野は面食らった。が、折しも店の経営に挫折しかけていたし、もう一度どこかで、経営者ではなく純粋な料理人として才覚を存分に発揮したいと切望していた。

帝国ホテルに追いつけ追い越せをスローガンとするホテル、その調理部で活躍してくれというスカウト。それも社長自ら足を運んでの招請である。職人気質の料理人としては意気に感じないわけがない。

「そうやって料理そのもので判断してもらえる面接方法が、わたしとしてはとてもうれしかった」

のちにホテルオークラ総料理長となった小野は、このときのことをそう回想している[39]。街場のレストランばかりでホテルに勤めた経験がなかった彼にとって、野田の一言は天声とも感じただろう。街場とちがって、複数のレストラン施設がそこにはあって、比較にならないくらいたくさんの料理人が立ち働く。それを統率していく役目なのだ。

現在でこそ街場のキャラクターの立つレストランのほうがホテルのそれより勢いがあるが、この時代のフランス料理人にとっては、ホテルの大キッチンで腕をふるうのは大きな夢だった。小野はすでに四十六歳になっていた。

ただ小野に与えられるタイトルは調理部次長で、トップではなかった。トップの調理部長には帝国ホテル出身で、川奈ホテル料理長として料理人人生の晩年を迎えていた長峰（ながみね）六郎（ろくろう）がついた。そして小野と並び立つもう一人の次長として、川奈ホテルで長峰を補佐していた杉山輝雄（すぎやまてるお）が指名された。

長峰は、川奈ホテル時代にバンコクの名門であるオリエンタルホテル（現マンダリン・オリエンタル・バンコク）に料理長として派遣された経験を持つ。オリエンタルホテルは、タイが日本と日泰攻守同盟を結んで枢軸国となったことから、それまでの英国人による経営から帝国ホテルの経営に切り替わった。最初は帝国ホテルから田中徳三郎（パレスホテル初代総料理長）が派遣されたのだが、田中は一年間限定の派遣だったので、長峰がその後任となってバンコクに赴いたのだった。

会社としては、料理の腕前は業界でも知られているが、ホテル勤務経験のない小野をいきなり調理部長として迎えるのには躊躇するところがあっただろう。さらには、大倉喜七郎の肝いりで創業し、政財界のトップや海外の富裕層にも利用されている川奈ホテルの調理ノウハウを生かさない手はなかった。だからトップは長峰だった。その人事では喜七郎の意向が働いたのだろう。さらに長峰もまた調理部長就任受諾にさいして、右腕である杉山の次長配属を条件としたのかもしれない。

開業当時のホテルオークラの調理陣は大きく分けて、この喜七郎肝いりの川奈ホテル系、小野がかつて所属したホテルニューグランド系、それから当時は東京の花形ホテルだった日活ホテル系の三系統の料理人たちで構成された。

映画の日活が黄金時代に建設した日比谷の日活国際会館[40]、そこに併設された日活ホテルは、外国人旅行者をターゲットとした高級ホテルで日活の有名俳優たちもさかんに利用した。マリリン・モンローとジョー・ディマジオも来日時に宿泊し、石原裕次郎と北原三枝、小林旭と美空ひばりがそれぞれ挙式披露宴をおこなったホテルとしても知られる。

老齢となっていた調理部長の長峰は、ホテルオークラ調理部の組織が定着すればやがて勇退する。その後継者にどちらがつくか、小野と杉山とのあいだにライバル心が燃えあがり、仕事で激しくぶつかり合うことになる。

どちらも料理技量には絶対の自信を持ち、自分こそは長峰の後継者という強いプライドがある。それぞれに連れてきた腹心で脇を固め、閥ができる。こういう関係性は互いに腕を競って組織の力を高めていく方向に作用すればいいが、一歩まちがえれば組織の分断を招いて現場力を削ぐことにもなる。野田も長峰も、その点は気が気でなかっただろう。

ただ、こうした熾烈なぶつかり合いが生じたのも「帝国ホテルに追いつけ」という料理人にとって野心を掻き立てられるスローガンがあったからだろう。小野も杉山もその実現をめざして、自分の信じる道を貫いた。それくらい帝国ホテルのフランス料理は歴史もレベルも抜きんでていたし、才能のある料理人たちにとっては憧れの、そしてやがては超えてみたい存在だったのである。

二人のぶつかり合いを案じた社長の野田は、調理部の人事に手をつける。小野を宴会調理、杉山をレストラン調理の部門責任者として、現場を分離したのだ。宴会部門とレストラン部門はそれぞれ厨房が独立しているので、二人が顔を合わせることは少なくなる。しかしそれでも、互いを強く意識した二人の水と油の関係は長くつづいた。

そんなギスギスとした関係に終止符が打たれたのは、オークラ開業から十年後のことだった。東京・品川に開業することになったホテルパシフィック東京が総料理長として杉山を招聘することになったのだ。品川ではオークラを去った蒲生恵一が開業を指揮していたから、彼が誘った可能性が高い。このとき杉山は複数の部下を引き連れて品川に移ったことから、オークラの調理現場ではちょっとしたパニックが起こったという。

それからはオークラの調理場は小野の独壇場となっていった。カリスマの存在によってオークラの料理の評判はどんどん高まる。鬼才・小野正吉がいよいよ本領を発揮していくのである。そして専務取締役総料理長という肩書をえて、オークラグループ全体を統率していった。その後一九九七年、惜しまれながらこの世を去った。

調理部次長として小野と杉山の二人が就任し、それから激しくライバル心を燃やした経緯や、小野のその後の活躍については『ホテルオークラ総料理長 小野正吉』(宇田川悟著)が詳細に記している。

日活ホテルからの移籍組での実力者は、のちに三菱地所系のロイヤルパークホテルの総料理長となる嶋村光夫(しまむらみつお)である。嶋村の著書『わが輩は料理長である』によると、十七歳で帝国ホテルに見習いとして入社した嶋村は、帝国の系列である芝パークホテル勤務を経て、二十一歳のときに日活ホテルに入った。石原裕次郎が映画『太陽の季節』でデビューする少しまえのことだ。

それから日活はニューフェースによるアクション映画で一時代を築くが、急成長ですっかり気が緩んだはての放漫経営、映画産業自体の斜陽化、アクション映画のマンネリ化などで六〇年代になると急速に経営状況が悪化する。ホテル自体の営業成績は好調だったものの、日活は一九七〇年にホテルが入る日活国際会館を三菱地所に売却し、ホテルも営業停止となった。三菱地所はこれをオフィスビルの日比谷パークビルヂングに生まれ変わらせた。さらに同ビルは建替えられ、二〇〇七年からはザ・ペニンシュラ東京となっている。

日活ホテルの閉鎖で、嶋村はNHK裏にある渋谷のレストランキャッスルに転職する。ここの厨房を率いていたのが、ホテルニューグランド第四代料理長で、小野正吉の師匠にあたる荒田勇作（あらたゆうさく）だった。その縁から嶋村は、ホテルオークラで調理陣の編成に躍起となっていた小野にスカウトされた。

三十一歳のときで、料理人としては脂が乗りはじめた時期。ホテルオークラに入るとすぐに嶋村はオーキッドルームの料理長を任された。帝国ホテルと肩をならべるという目標を掲げたメインレストランを最初から仕切るわけだから、たいへんなプレッシャーだっただろう。

ホテルオークラは一九六四年十月から、旧岩崎家高輪別邸を利用した三菱グループの迎賓館である開東閣（かいとうかく）の運営を受託したが、それに合わせて嶋村は調理長として出向となり、皇族を招いての宴席料理を担当するなどした。そして、そこでの実績が認められて、三菱地所グループ初の高級ホテルとなる箱崎のロイヤルパークホテルに迎え入れられたのだった。

新卒社員としてホテルオークラの厨房に立ったのは、のちに第四代総料理長となる根岸（ねぎし）規雄（のりお）だった。根岸は、東京ＹＭＣＡ国際ホテル専門学校を卒業しての入社組である。

このキャリアの出発点は、先輩料理人たちのそれとは大きく異なる。一世代まえまでの料理人たちは、十代なかばで見習いとして街場のレストランに働き、腕を磨いて各所をわたり歩いたのちに、最終的に理想の職場たる高級ホテルに入った。ホテルオークラ初代総料理長の小野も、漁師の息子である第二代総料理長の剱持恒男（けんもつつねお）もそうだった（ただし第三代総料理長の牧野昭二（まきのしょうじ）は大学中退ののちホテルに飛びこんだ異色の料理人）。帝国ホテルの村上信夫（むらかみのぶお）もまた十二歳で浅草の街場レストランの門を叩いた。

そういう系譜が、一九四一年（昭和十六）生まれの根岸のあたりから変わってきた。一九四八年一月に児童福祉法が施行されて子どもの労働が認められなくなったのと同時に、調理の専門学校や各種学校が誕生し、そこで基礎を学んだのちホテルやレストランに就職するという構図に変化したためである。小僧見習いという徒弟制度はすっかり過去のものとなったのである。

第四章

野田岩次郎の経営術

The Story of Okura

「プロモーション費などというのは
一介の次長クラスが決めるものではない。
おれが決めることだ。
黒字がでるように収支をやりなおしてこい！」
牧野がしょげて退室しかけると、
「ちょっと待て」と背中に声がかかる。
「苦労をかけるね」
その一言が胸を打つ、
そういうところがみごとな点だった。

ベテランよりも若手の伸びしろ

野田岩次郎は、ホテル従業員の経験者採用にあたって、一つのことを基本に定めた。それは「安易にベテランの即戦力を採用するのではなく、ある程度の経験を持っているならば、なるべく若手を集めよう」ということだった。

五百室の大型ホテルでベテランを多く引っぱれば、東京のホテル業界に少なからず迷惑をかけるという遠慮もあったが、それよりも重要だったのはホテルの経営コンセプトだった。

「新ホテルは従来の因習にとらわれず、近代企業として独自の経営方針を打ちだす」

野田はそれをコンセプトに据えていた。米国暮らしが長く、米国人の妻を持つ野田の頭のなかはすっかり米国式になっていた。だから日本式の因循とした経営を新ホテルに持ちこむことはせず、米国式の合理的で論理的な経営を徹底させようと考えていた。教育や研修方針もそれに沿ったものにするつもりでいた。

そこに経験豊富なベテランがたくさん集まってくると、ほかのホテルのやり方、考え方が幾とおりも社内に混在することになり、派閥ができて社員が働きにくくなる。そのことを避けたかったのだ。

固まりきった老骨よりも**若手**のほうが**粘土細工**のように**自分**の**思**うとおりに**鍛**えあげることができると**思**ったからである。もちろん**彼**らが**一人前**になるまでにはミスもあるだろうし、**高**い**月謝**を**払**う**結果**になるであろうことは**覚悟**のうえであった[41]。

野田の少々荒っぽい言葉は、わかりやすく伝えるためのあえての〝偽悪〟の表現だろうが、「自分の思うとおりに鍛えあげることができる」というくだりには、蒲生恵一支配人の項で述べた、野田の「なんでも自分で決めないと気がすまない」性質が顔をのぞかせている。

ホテル開業二年まえの一九六〇年（昭和三十五）から翌六一年にかけて、大成観光はまず開業準備にむけて二百人以上の従業員を雇用する。岩戸景気の最中のことで世間では若手人材の争奪戦が繰り広げられていたが、ホテルの実体も寄宿すべき寮もまだない会社に倍率二・五倍の五百人の応募があった。

新卒の採用に並行して、各現場を統率するキースタッフのスカウトがおこなわれて、前記した運営部門の蒲生恵一、大崎磐夫、橋本保雄、調理陣の長峰六郎、小野正吉、杉山輝雄、嶋村光夫をはじめホテル業務経験者や他業種の経験者がつぎつぎと採用されていった。

そしてこれらの経験者たちも調理部長の長峰を除けば、会社の成長に貢献したいと意欲を燃やす中堅や若手たちだった。

「帝国に追いつけと打ちあげたわりには、経験の浅い者ばかり集めて、あれでちゃんとやっていけるのかねえ」

採用の状況を聞きおよんだ同業者たちには、そんなふうに揶揄する者もいたという。

しかし若手の成長意欲に賭けるという野田のやり方はまちがっていなかった。会社の仕組み、組織の立ちあげに自分が加わることができるというモチベーション効果はとても大きかった。初期に採用した幹部候補生の多くが、そののち取締役、常務、専務、副社長、社長となって会社経営を支えていくことになる。そして目標とする帝国ホテルに迫っていく。

野田は喜七郎への忠誠から、凝りに凝った外装や内装意匠に巨額の費用を投下したが、従業員教育・研修への投資も惜しまなかった。課長級を任せるに足るとおぼしき人材には、欧米のホテルへの派遣研修にどんどん送りだした。それは調理やレストランサービスだけでなく、客室部門にもおよんだ。

投資額はかなりの負担となったが、そうしたミッションの与え方は、虎ノ門に集った若い血潮をたぎらせ、実力以上のものを発揮させることにつながったはずだ。そうやって準備期間に積みあげた自信が、開業後の好業績につながっていった。

もちろん時代性と開業のタイミングに恵まれたということもあった。

開業二年後の一九六四年（昭和三十九）九月に開催を受注することができたＩＭＦ（国際通貨基金）総会は、産声をあげたばかりのオークラの存在を世界にアピールする絶好の機会となった。平安の間を舞台に開催され、二千五百人のＩＭＦ関係者、報道関係者が参集したのだが、参加者のあいだで七カ国語対応の無線通訳システムをはじめとする運営体制が高く評価された。翌十月には東京オリンピックが開催されて、多くの国賓や大会関係者が宿泊した。

平安の間で開催されたIMF総会の風景

野田の信念と決意のほどを裏づける開業時の財務面のエピソードがある。
大成観光は開発銀行、八つの都市銀行、十の生命保険会社、三つの信託銀行から融資総額五十五億円を調達して、これを開業資金とした。また資本金を会社設立時の十億円から十五億円に増資した。そして野田は会計上で一つの決断をする。

「社長就任当時、借入金返済の見合いたる償却を定額法にするか定率法にするかで迷ったが、ホテル業界では異例ともいえる定率法を選択した」

これは開業後に野田自身が社内報に書いた内容だ[42]。

初年度の減価償却費が最大となってしだいに減額していく定率法は、初期投資額が巨額となる高級大型ホテルでの採用は異例といえる。当初期間の費用計上が多額となるので、節税効果は高いものの、もし開業後に業績低迷がつづけば利益を圧迫し、財務状況は一気に悪化する。配当も遠のくので投資家も困る。反対に償却額を均等にする定額法であれば、施設・設備が古くなって競争力が衰える後年の負担は増してくるが、初期負担をとにかく軽くできる。

しかし野田は業界の慣例に反して、あえて定率法を選んだのである。それもやはり経営・運営体制の確立で確固たる自信があったからだろうし、時流に乗って開業からまもなく好業績を叩きだせるという予測があったからだろう。施設規模や格式にもよるが、開業から何年かは建設費、開業費の借入金返済や償却などで経常赤字がつづくのがホテル事業のつねで、よほどの覚悟がないと定率法を選択することはできないはずだった。

野田の判断はまちがっていなかった。経営は順調に推移し、開業から三年で黒字転換を果たし、三年半（当時は六カ月決算）で五パーセントの配当を可能とするところまで業績を一気に伸ばした[43]。

トップダウンであるべき理由

野田はホテル開業当時もその後も、社内報巻頭の『社長随筆』でホテルに対する思いや自分の経営哲学、社員に持ってほしいこころ構えといったことについて、じつに筆まめに記している。

それは、大倉喜七郎と誓った「日本を代表する迎賓ホテルに」という壮大なミッションを達成するための〝伝道〟だった。ミッションの遂行には「立ちむかうべき課題」と「その解決の道筋」を社員の末端にまでわかりやすく、急いで示す必要があったし、部門ごとの営業方針のボトムアップを気長に待っている余裕はなかった。

急がなければ二年後には東京オリンピックが開催され、大勢の賓客や大会関係者、外国人旅行者がホテルにやってくる。そこで「やはり帝国には遠くおよばない」と判断されれば、喜七郎と野田の面目は丸潰れとなる。出資してもらったうえに相談役や監査役になってもらった財界名士たちにも顔むけできない。だから、あらゆることをトップダウンで方向性を示して、各現場の課題達成ぶりを自らチェックしていく必要がある。野田はそう考えていたはずだし、そもそもそういう性格だった。

ホテル開業後に野田に仕えた広報経験者は、いつもこう告げられていたと明かす。

「報道の取材は全部おれが受ける。絶対にほかのだれもだすな。おれ以外にだしていいのは小野だけだ」

門外漢である料理の取材対応だけは小野正吉料理長に任せるが、それ以外は、正しく経営・運営理念を伝えるためにも、そして現場に混乱をきたさないためにも自分がすべて説明する。自身の著書や社内広報誌などでは知りえない、野田のワンマンぶりを示す興味深い証言といえる。やはり自分ですべてをなさなければ気がすまない性格、そして石橋をたたいてわたる性格だったのだ。

野田の社長就任は六十二歳。ふつうなら余生をどうすごすかを思い描き、多忙な現役時代にあまりできなかった旅行や趣味をこれから楽しんでいこうという齢である。しかし、大正から戦前にかけて米国に商社マンとして駐在し、戦中はニューヨーク州やメリーランド州の強制収容所に収容され、帰国したのちは東洋精機社長・会長を務めるとともにGHQ持株会社整理委員会の激務に追われ、さらには日清製粉、三井船舶、阪急交通社、川奈ホテルなどの顧問や嘱託、相談役、社外取締役を忙しく歴任してきたのが野田である。激動の時代を生きて、つねに走りつづけ、周囲から頼りにされ、それに応えて助力を惜しまない。そういう性質だから老後をゆっくりすごすことを自ら許さなかったし、周囲もまた許さなかった。

経営企画、営業企画に社長自らが手をつけ、それをトップダウンで現場に根づかせていく。そういうやり方は中小のオーナー企業ならいざ知らず、何百人もの従業員を抱える巨大組織にはあまりなじまない。やはり大きな組織である以上、ある程度の権限委譲がないと硬直化してしまうし、下手をすれば管理職がやる気を失ってしまう。

ではなぜ、野田と腹心である青木がその難事をなしとげることができたのか――。

この点が、ホテルオークラの草創期を振りかえるうえでの筆者の一番の関心事であり、疑問だった。いろいろと資料を繰ってはみたが、とおり一遍の模範解答がならんでいるだけで、答えはなかなかみつからない。しかしその答えを示してくれた人物がいた。ホテルオークラで野田と青木の二人に長年仕えた「名秘書役」たる牧野靖（まきのやすし）（故人）である。

牧野は一九八〇年十月から野田（当時会長）の秘書となり、その役目は名誉会長となっていた野田が八八年十二月に死去するまで八年間つづいた。そのあとは野田の遺言によって青木寅雄会長の秘書となり、この役目も二〇〇〇年一月に名誉会長となっていた青木が死去するまでつづいた。つまり二十年間という長い歳月をひたすら二人の創業者に寄り添って送ったわけである。

常務まで務めて退社し、社友となった牧野は、雑誌『新潮45』の二〇〇一年一月号と二月号に『「ホテルオークラ」物語 世界一のホテルを創った二人の男』を特別読物として寄稿している。一月号前篇一七ページ、二月号後篇一三ページ、計三〇ページにおよぶ立派な「読物」である。

文章が得意であることは、読み手を引きこむようなユーモアある筆致からもすぐにわかる。A５判雑誌のこの三〇ページに、野田という不世出のホテル経営者の実像と本質がきわめて具体的に、こと細かに書きこまれている。物故されているから牧野本人に話を聞くはできなかったが、この記事が大きな助けとなった。

そしてその内容は、名秘書役として野田と青木の二人をただ讃えて持ちあげるといったものではなく、二人の傑出した才能と業績を例示しつつも、そのむこうにあった無邪気でときに意地悪でもある人間像までリアルに描写していることに「読物」としての意義がある。

この掲載内容を参考にして、野田と青木の「社員操縦術」をつぎにひも解く。

牧野はもともと秘書役にむくような性格ではなく、どちらかといえばバンカラな青年だった、と記事の最初で明かす。同志社大学時代はアメリカンフットボールに熱中し、夜はバーテンダーなどのアルバイトに入れこんでいた。そのせいで商学部に学んだものの、商法も簿記もまるで知らないという始末である。

大学をでてからはフルーツパーラーの経営会社に入り、そこを辞めてのち、英語もろくにできないのに米国に単身わたってウエスタンホテル（のちのウェスティンホテル&リゾート）傘下のホテルで働いた。帰国してからは京都で食品卸売会社に入って営業を担当した。それから大成観光に入ることになったのである。

食品卸売会社での経験を買われた牧野は入社後、ほんとうはやりたくなかった用度（調達・購買）部に配属された。ホテルはまだ鉄骨がようやく組みあがったという段階で、開業準備の窓口である企画部、宴会とレストラン・バーからなる料飲部、調理部などが書きだすリストにもとづいて、開業とともに必要となる家具、什器備品、レストランの食器や銀器、厨房の調理器具などあらゆるものを買いそろえないといけない。

しかも意匠委員会に委嘱して「日本らしいホテル」のコンセプトにもとづく意匠やデザインを決めているので、ゲストの目に触れる末端の備品、消耗品類にもオリジナルの紋様やデザインが反映される。それを複数のメーカーや卸売業者から見積書をとり、業者を選定して予算を作成し稟議にかける。ただ製品を選んで買えばいいというものではなく、一つひとつの品に超高級ホテルとしての矜持が感じられるものでなければならない。

開業まえの用度部には部長も課長もいなかった。つまりヒラ社員しかいない。総務庶務全般を司る常務の青木寅雄が用度部長、購買課長、貯蔵課長などをひっくるめて兼任していた。あとは牧野ら若手だけだった。

だからなにを購入するにしてもその都度、青木に相談しなければならない。そして提出した稟議書の各項目について、なぜその数が必要なのか、どうしてこの見積もりになるのかといった質問が、青木から矢のように飛んでくる。水銀生産で世界有数となる野村グループの野村鉱業を育てあげた男は、とにかく予算管理にうるさかった。

青木への稟議をクリアすると、つぎは野田への最終稟議となるのだが、開業を控えて多忙をきわめる社長は、社長室に訪ねても在室していることはめったになく、なかなかつかまらない。仕方なくトイレにまで追いかけてやっとハンコをもらうということの繰りかえしだった。

「卵一ついくら」の禅問答

ホテルが開業すると、用度に関する規律はいよいよ厳しくなった。

取引業者選定、取引中止の決定権は野田と青木だけにあって、部門トップの部長級といえども裁量権はなかった。現場と業者が直に商談することも禁じられていた。それには業者との癒着を防ぐ目的もあれば、厳しくコストコントロールをしていかないと、巨額の建設・開業費用を投じたホテルはいつまでも赤字をだすことになるという危機感があった。

決算の償却方法でホテル業界では異例ともいえる定率法を採用したことは前述したが、あるいはその採用も、財務面での危機感をつねに経営陣や部門責任者のあいだで共有するための、あえての手段だったのかもしれない。

たとえば食材の購買では、調理部は取引業者を推薦することはできても決定権限はいっさいなかった。日本のホテルは草創期、フランス料理の技量を切磋琢磨することで外国人客に対する訴求度を高めた伝統もあって、調理陣の発言権が昔から非常に強かった。おれたちがいなければ外国人もホテルにやってこないだろうという強烈なプライドが彼らにはあった。そういう慣習から、食材の業者選定の権限が料理長にある、あるいは料理長による紹介が大きな影響力を持つというホテルが戦後になっても多かった。

そういう慣習を野田と青木はいっさい無視した。二人ともホテル経験がまったくなかったからこそ敷けたシステムかもしれないが、それはやはり正しい選択といえた。米欧、とくに米国のホテル業界では用度関連のコントロールは専門部署が厳格におこなうのが昔からの方式だ。多民族国家だから道徳や規律に対する意識、価値観も多様なので、そうして集中管理しなければやっていけない必然性がもともとあった。

長く滞在したことで米国社会の合理性が身についていた野田は、ホテルをぜひ米国の経営方式でやりたいと社長就任当初から考えていたし、厳格な予算管理こそはその一丁目一番地といえた。

野田の女房役で、開業半年後に常務から専務となった青木の予算管理手法はこんなふうだった。

購買担当の牧野は毎朝「仕入れ日報」の帳票を持って青木のもとにいく。表紙にはその日の仕入れ総額と品物のリストや単価が並んでいて、それにつづいて仕入れごとの伝票が綴じられている。いまならパソコンで大幅簡略化、迅速化できる作業だが、当時はまだそんな便利な一般向けソフトもなかった。青木はその伝票を一枚一枚めくって内容を確認していくのだが、牧野にしてみれば、専務たる重役がそこまでチェックするのかという思いで、緊張しながらそのようすを眺める毎日である。

「卵一〇ケースとあるが、一ケース何個入っているんだ?」

青木の問いかけに牧野は答える。

「一ケース百八十個です」

「で、単価は?」

「一ケース二千五百九十円です」

そう返してほっとすると、

「卵一個はいくらになる?」

しどろもどろでメモ用紙で割り算をしていると、青木がさっさとそろばんを弾く。

「一個十何円、それくらい把握しておきなさい」

牧野がやれやれと思っていると、

「昨日は一個いくらだった?」

焦る牧野が用度部に電話して確認すると、今日は昨日より一個一円高いことがわかった。

「なんで一円高いんだ?」

「なんでといわいれても……」

「なんでといわれても、って、そんないいかげんなことで君は買い物をしているのか」

質問はまだしばらくつづく。

そういう日常に牧野は翻弄されながら、二十代の最後を忙しく送った。牧野は記事のなかで「鉱山会社からやってきて、青木はそうして伝票一枚一枚からホテルのビジネスを日々学んでいたのだ」と回想している。自分の学びと部下の鍛錬を兼ねた禅問答、それが卵一個の値段だったのである。

卵一個の値段を細かく気にする一方で、肉の仕入れについては、業者からの提示額にあえて上乗せして払うということもあった。それもまた青木の仕入れの戦術だった。

ホテル開業時に購買は、競合する高級ホテルがたとえば牛ヒレ肉をいくらで仕入れているのかを詳しく調べあげた。そのうえで業者と交渉してキロ九百円で買うことにした。牧野がそのことを青木に報告したところ、その値段に五十円を上乗せして九百五十円で決めるようにと告げられる。牧野にしてみれば、たかが卵一個の値段で長々と説教されたのに、いったいどういうことだという思いがある。ところが青木の言い分はこうだった。

「業者にすればキロ五十円が丸儲けとなって、そんなうれしいことはない。そうすると一番値段がいいオークラに一番品質のいいものを届けたくなる。それが人情というものだ。いい肉がどんどん集まってくるようになれば、オークラのステーキはおいしい、すき焼きはおいしいという評判が立つ。それで儲かれば五十円の上乗せはむしろ安い」

この、他ホテルの仕入値を調べあげたうえでの値段の上乗せは「オークラプライス」と陰で呼ばれながら開業から十年ほど継続され、競合ホテルの購買担当たちを悔しがらせたという。

また業者の選定基準は、ほかより安ければいい、品質がよければいいというものではなく、さまざまな観点から総合的に判断していた。青木のやり方はこうである。

まず精肉、鮮魚、青果、酒屋など分野ごとに取引業者候補の一覧表をつくる。それに創業年、資本金、売上高、従業員数、どこのホテルに納めているか、ホテルオークラからどれだけの距離に配達拠点があるか、配達するのに何分かかるか、といったことを全部書きこみ、それぞれを点数化していく。

その総合点から判断して業者を決定するのだが、決定した旨はいっさい業者に伝えない。それは、なにか納入で問題があればすぐその業者を切るためだった。じっさいに精肉でも青果でも品質に問題があればどんどん切った。そうして淘汰されて残った業者を大事にして、長くつき合うというのが青木流の仕事術だった。

牧野によれば、野田も青木も仕入れや調達にはかなりうるさかったが、青木がもっぱら用度業務の長としてコスト管理にうるさかった一方で、社長の野田は客の立場に立っての細かな注文が多かったという。この食材で客が満足するかどうかという視点をつねに持ってレストランの試食などにあたっていた。

牧野の記事に、ホテルでだすグレープフルーツに野田が注文をつけるくだりがあって、これがちょっとおもしろい。野田は、米国駐在時代にいっしょになったアリス夫人を亡くしてからは独身生活をつづけ、家事はすべてお手伝いさんに任せていた。

朝食だけは自宅でとるのだが、そのための食材はホテルで買い入れていた。お手伝いさんから渡された「レタス一個、卵二個、ソーセージ一本」というようなメモを野田が牧野に預けると、社長の帰り際に品物の袋と個数・単価を書いたメモを渡す。代金は社長用の売掛帳につけておき、定期的に清算するやり方だった。

野田へのメモに単価をわざわざ記入するのにはわけがあった。その食材の購入単価が妥当なのか、品質に見合っているのかを野田自身がチェックするためなのだ。ある日、朝食用の食材のなかにグレープフルーツが含まれていた。購入単価は一個三百円だった。野田は朝食をとってから出社すると、牧野を呼びつけて、ビニール袋に入った食べかけのグレープフルーツを示してこういった。

「こんな皮の厚いものを一個三百円で君は買ったのかね」

牧野は、夏のいまは輸入物の端境期（はざかいき）で、これでもようやく探したのだと説明をする。すると野田はニヤリと笑い、カバンからべつのグレープフルーツをとりだし、

「君がそういうことをいうと思って、高野フルーツパーラーへいって買ってきたんだ。こういういいものがあるじゃないか」

「それはおいくらでしたか?」

「五百円だ」

「それは小売価格でしょう。元値は二百五十円くらいでしょう」

「二百五十円に五十円上乗せして三百円。君の仕入れ値とおなじようなもんじゃないか」

牧野は、果物専門店とホテルでは仕入れの方法がちがっておなじにはならないことを説くのだが、野田は絶対に納得しない。

「メニューにハーフ三百円と、特上のハーフ六百円の二つがあってもいいじゃないか。お客さまには端境期でいいものが手に入りにくいのですが、今日は特別にいいものが入っております、いかがでしょうか。そういって六百円のものを選んでいただければ、売上げがあがるからいいじゃないか」

ホテルオークラの食材仕入れの概念と体系は、そういうふうに野田や青木のアドバイスからどんどん変えられていった。業界の慣習に安易に倣(なら)うな、つねによりよい道を探しだせ。二人はそう社員にメッセージを発しつづけたのだ。

ただ、開業から五年が経過した一九六七年あたりからは、そんな二人の姿勢にも変化があらわれはじめた。経営基盤が固まったこと、青木が専務から副社長に昇格して多忙になったこと、海外展開が本格化してきたことなどが理由だろう。

「青木は、細かく確認していた納品伝票や出庫伝票のチェックを、いつとはなくやらなくなった。報告にいけばかならず応じてくれるが、いかなければ承知しないということがなくなった。用度に関しては一部権限を委譲してくれたのだと思う。何千万円のものを買って事後報告しても、文句をいわなくなった」

牧野はそう記事に書いている。そしてこうつけ加える。

「もっとも、だからこそ余計に恐ろしかったのだが……」

そのことがうれしくもあり、淋しくもあり、どこか怖くもある。青木による長年の〝しごき〟が強烈だっただけに、牧野の胸中も複雑だった。だが巨大組織である以上、権限移譲はどこかでなさなければならない。そのときが開業後五年というタイミングだったのである。

巧みな人心掌握術

牧野ほど、野田に長年にわたり密に仕えた秘書役もめずらしかった。秘書というよりも、ときに野田の目となり耳となる〝目付〟のような役割であり、ときに社内にその経営理念を浸透させるための媒体となり、そしてたまには老人の孤独を癒す呑み仲間でもあった。

自身、当初はバンカラな性格で秘書などできるはずがないと思っていた牧野を、それほど野田も青木も重用した。おそらく、すっかり安定期に入った会社の経営トップが欲する秘書役とは、またちがった役まわりが期待されてのことだったのだろう。自ら適任だと考える秘書役などには務まらない、ときに理不尽で不合理で、なんとも損な役まわり。そして、それに耐えうる性格だと踏んだからこそ牧野が重用されたのだろう。牧野はさすがに、そういうことまで記事で触れてはいないが。

牧野がまだ野田の秘書役でなく、営業企画担当次長だったころ。あるイベントの企画書を稟議にまわした。どう費用を抑えても百五十万円の赤字がでるが、開催する意義が大きい催事で、牧野のなかでは赤字分はホテルのプロモーション費用という解釈だった。その稟議書をみた野田は牧野を呼び、怒鳴りつけた。

「プロモーション費などというのは一介の次長クラスが決めるものではない。おれが決めることだ。黒字がでるように収支をやりなおしてこい！」

牧野がしょげて退室しかけると、「ちょっと待て」と背中に声がかかる。

「苦労をかけるね」

その一言が胸を打つ、そういうところがみごとな点だった、と牧野は記している。

きつく叱っておいて、最後にやさしい言葉をかける。それで相手は救われ、さらに期待に応えようと奮起する。それは野田の手管だった。

運営現場の末端にまでいろいろと注文をつけて社員を叱ったりはする。けれどもそういう匙加減のせいだろうか、オークラの出身者で野田のことを悪くいう者はいなかった。むしろ社員たちに広く好かれていたという。創業期に働いて野田の洗礼を受けたであろう七十~八十歳の元社員に聞いてみても、彼らはそのことをはっきりと断言する。

野田は率先垂範の経営者でもあった。ホテル館内を歩くときもゴミをみつけると自分で拾い、トイレの洗面台が濡れているのを目にすると、自らペーパータオルで水を拭きとった。調理場にも定期的に顔をだして肉などの知識を貪欲に吸収し、レストランでは自腹で味見をして、社員食堂も好んで利用した。社員食堂の惣菜が好きだったが、それも独り暮らしが長くなり、家庭の味を欲していたからだろう。

そうしていろいろな社員に声をかけるのだが、その相手の顔や話した内容をじつによく憶えていて、再度顔を合わせたときに「その後、体のぐあいはどうだ」「新婚生活はどうだ」というように問いかけることが少なくなかったという。その社員は、会社のトップがおれ、わたしのことをちゃんと憶えていてくれる、と感動し、それが仕事のモチベーションアップにつながっていく。浪花節かもしれないが、そういうところには米国式も日本式もないはずだ。

野田は戦前、商社のセールスマンとして米国内を飛びまわり、白人経営者相手の商談に臆することなく挑んで好成績をあげた。戦後はＧＨＱと日本の旧財閥家を相手に切羽詰まった折衝を幾度もこなし、戦後復興の道筋づくりに寄与した。相手の心裡を深く読んだうえでの人心掌握術は、そんな時代に身につけたものではなかっただろうか。

野田岩次郎は一九八八年（昭和六十三）十二月十五日に死去した。その翌年の十二月に刊行されたのが『ホテルオークラ社内報 故野田名誉会長追悼特集号』である。

ずっと野田の女房役をこなした会長の青木寅雄、大倉喜七郎に野田を社長として推した日本興業銀行特別顧問（当時）の中山素平が巻頭に弔辞を寄せ、若き日に野田の薫陶を受けて創業期を支えた各取締役たちが座談会でその軌跡を振りかえった。各部門の一般社員たちも野田についての思い出を語っている。もちろん社内報の性格上、賞賛の美辞麗句で埋められているわけだが、一般社員のコメントのなかには、野田の人心掌握術の一端を物語るみずみずしい言葉もみつかる。

「わたしの息子の結納の日、玄関で名誉会長にお会いし、そのことを申しあげると、笑顔で『それはよかった。おめでとう』といわれました。その時の笑顔は忘れることができません。それから数日後、夕方お帰りの車の窓を開けられ『○○君、今年は君にとっておめ

でたい年だな』とおっしゃられ……」（フロントサービス課・アッシャー＝エントランス案内役）

「故名誉会長はよくコンチネンタルルーム（欧風料理レストラン）を利用され、わたしはそのさい、ソムリエとしてサービスを担当させていただいた。また昼食のときは、飲みもののセールスにいくといつも、カラフワイン（ガラス容器に移したボトル半量ほどのワイン）を注文された。ワインをサーブにいくと決まって『このカラフワインはいくらかネ』『どこのワインかネ』と聞かれた。そのワインについては先刻承知なのにいつも尋ねられるのである。わたしはこのいつもの『いくらかネ』は『高価なワインばかりがワインじゃないョ』『どこのワインかネ』は『しっかり勉強してお客さまにていねいに説明してあげることが親切なのだョ』と聞こえるのでした」（飲料サービス課員）

じつは、野田には人心掌握の〝虎の巻〟があった――と牧野は明かしている。

「野田は会長室で机の引出しからときどき何かを出しては見ていた。人がくるとスーッと奥にしまう。私は机の整理もしていたから、何を読んでいたか知っていた。（中略）それを時々一人でじっと見ているのだ。人をどう使うか、野田にしても随分と悩むことがあっ

たのだろう」(『「ホテルオークラ」物語』後篇より)

野田がみていたものとは、儒学者・思想家で、八代将軍徳川吉宗のご意見役でもある荻生徂徠(おぎゅうそらい)が著した『徂徠訓(そらいくん)』だった。人材を育てるうえでの要諦を八カ条にまとめたもので、現代語にするとつぎのような条文がならんでいる。

一、ひとの長所を最初から知ろうとするな。用いてからその長所は理解されてくる。
二、ひとの長所のみを理解すればよい。短所をわざわざ探る必要はない。
三、自分の好みに適う者だけを重用すべきでない。
四、小さな過ちを咎めるな。なにごとにも真摯にむかう姿勢があればそれでよい。
五、用いるならば、相手を信じてなにごとも委ねること。
六、上にある者は、下の者と才知を競うべきではない。
七、人材は一癖あるもので、それがあるから育つ。無理に矯正すべきではない。
八、そうして用いていけば、ひとはそれに応え、時流を動かすほどの者もでてくる。

社員たちのまえで君子ぶりをみせていた野田も、自分の才覚に頼るだけでは不安で、そんなものをことあるごとに諳んじていた。人間くさく微笑ましいエピソードである。四と五については、野田がそうであったかは疑問符もつくが、世のどんな名将でも完全無欠はないというものだろう。

野田や青木の経営術はいまとなってはいささか古めかしいし、現在のようにシステム化や計数化が現場各所に浸透していたわけではない。やはり情に訴え勘に頼るところが多々あった。しかし組織を統率する、ひとを動かすということの要諦とは、現代でもそういうところにあるのかもしれない。

先端的なシステム化や計数化は、グローバル化の荒波にむかっていくには必要なことだし、せっかく理論が普及し確立されているのだから使わない手はない。けれども、理論や数値を示せば人間は納得して動くかといえば、そうではあるまい。理路整然とした無機質な体系をつないでいく、有機的で人間味のある結合剤がどうしても必要だろう。

野田の場合、それはときに理不尽で情動的なかたちで発露するのだが、それをカバーして余りある人間力が備わっているために、だれもが納得して従うしかなかった。やはり最後のところは人間力がものをいう。そのことを野田は教えてくれる。

第五章
東京五輪と大阪万博、そして海外進出へ

The Story of Okura

「世界に打ってでて、

オークラの理念と運営ノウハウをその地に根づかせる。

それはまた東京の本丸の海外宣伝にも結びついていく。

さらに社員スキルの国際化も図っていく」

そう野田は社員にむけて理念を発信して、

海外展開の道筋を示した。

この時点からホテルオークラのスローガンに

「帝国ホテルに追いつけ」に加えて、

「世界をめざせ」が掲げられることになった

東京オリンピックの期待はずれ

ホテルオークラ開業の二年後、一九六四年（昭和三十九）十月に開催された第十八回オリンピック競技大会東京大会＝東京オリンピックは、アジアで初開催の大会だった。それはまた「有色人種国家での史上初」の大会でもあり、パラリンピックがはじめて同一都市開催された大会でもあった。その二十四年まえ、一九四〇年にも東京での開催が決まっていたが、日中戦争の影響などから日本政府が開催権を返上していたので、ようやくの悲願達成だった。

戦後復興を遂げて、高度経済成長期の前期にあった日本には「夢」が必要だった。六〇年に打ちだされた池田勇人内閣の「所得倍増計画」は、国民総生産をそれまでの二倍以上に引きあげ、西欧先進国並みの生活水準と雇用水準を実現するというものだった。

産業界では人手が足りず、地方からの集団就職がピークを迎えていたが、求人倍率はつねに三倍を超える水準だった。大都市圏に集中した人口は団地ブームを生み、ダイニングキッチンと浴室、水洗トイレがついた寝食分離の２ＤＫ団地が大人気となり、抽選倍率は跳ねあがった。夢の家電「三種の神器」（テレビ、洗濯機、冷蔵庫）も普及の度が増していた。そしてオリンピックもまた国を挙げた夢の行事だった。

政府は、開催のためのインフラ整備を急いだ。東海道新幹線が開通し、東京では首都高速道路、東京モノレールが開業、地下鉄も路線を増やした。さらに日本を訪れる大会関係者や観客の受け皿となるホテル建設が急ピッチとなった。

大成観光が設立された一九五八年の全国政府登録ホテル軒数（いずれも年度末）は七十七軒・約六千二百室だったが、ホテルオークラ開業の六十二年には百四軒・約一万一千室、オリンピック開催年には百二十七軒・約一万四千室にまで拡大し、客室数は六年間で倍増以上となっていた。

東京では、六一年にパレスホテル（前身はホテルテートー）、六二年にホテルオークラ、六三年に東京ヒルトンホテル（のちのキャピトル東急ホテル）、六四年にホテルニューオータニと東京プリンスホテルがあいついで誕生した。いずれも首都の顔となっていった主要ホテルである。

そうしてオリンピックは十月十日から二十四日までの十五日間にわたって開催され、世界から集った選手五千百十二人が二十競技・百六十三種目を競った。

日本勢は、重量挙げフェザー級、レスリングフリースタイル三階級、レスリンググレコローマン二階級、柔道の軽量級、中量級、重量級、体操では男子団体と個人総合、つり輪、跳馬、並行棒、女子バレーボール、ボクシングバンタム級で金メダルを獲得し、国民を熱狂させた。金メダル獲得数で日本は世界三位となる快挙だった。外国人選手ではマラソンのアベベ・ビキラ（エチオピア）、陸上男子一〇〇メートルのボブ・ヘイズ（米国）、水泳男子で四冠のドン・ショランダー（米国）、体操女子で三冠のベラ・チャスラフスカ（チェコスロバキア）、柔道のアントン・ヘーシンク（オランダ）らが強烈な印象を残した。

オリンピック開催によって家庭のテレビ普及も一気に進んだ。一九五九年に二三・六パーセントだった普及率は五年後の六四年に八七・八パーセントにまで達し、家電業界に大きなオリンピック景気をもたらした。

その一方で、訪日旅行の面では期待はずれの結果となった。

事前の海外宣伝では、五九年に日本観光協会として設立された特殊法人国際観光振興会（現在の日本政府観光局＝ＪＮＴＯ）の海外事務所などを通じて、日本の観光事情や具体的な旅程・旅費の広報活動が欧米諸国中心に大々的に展開された[44]。ところが、オリンピック開催期間中の訪日外国人旅客数は五万人（選手を含む大会関係者約九千人、一般観光客約四万一千人）にとどまった。

一般観光客四万人という数字は、政府や運輸・観光関係者の期待を上まわるものではまったくなかった。政府は六四年の年間訪日旅客数を五十五万人と予測していたが、実際には三十五万人にとどまり、ポストオリンピックの効果も薄かった。

会期十五日間の東京・神奈川地区のホテル利用状況は、外国人宿泊客数が約三万九千人、同延べ宿泊数は約二十一万三千六百泊（平均滞在日数六・七日）だった。四万一千人のうちの三万九千人。つまり訪日旅客のほとんどが会期をとおして東京や横浜にとどまり、地方都市への波及効果はほとんどなかったことになる。オリンピック特需をあてこんで大阪や京都をはじめ地方都市ではホテル建設が急となったが、まったくの肩すかしといった状況だった。

そして訪日旅客全体の数字でいっても、前月の九月が約三万四千人（前年同月比約五千人増）、会期の十月が約四万四千人（同九千人増）であり、やはり「会期中に一気増大」とはいえない状況だった[45]。

理由としては、当時の訪日旅行の最大市場だった米国で大統領選挙とオリンピック会期が重なったこと、次回大会開催地が米国の隣のメキシコに決まったことなどがあったとされる。四年後に手近で見学できるのだから、遠くて旅費がかさむ東京にわざわざいく必要がないという判断である。

ちなみにホテルオークラのオリンピック会期中の宿泊外国人客比率は八二・四パーセント、国籍別では米国四三・二パーセント、英国七・九パーセント、フランス六・四パーセントなどとなった。この数字からしても当時の訪日旅行における米国市場規模の大きさがわかるが、やはりその低迷は日本にとって痛かった。

大阪万博、そして「二つのショック」

日本が東京オリンピックのつぎに誘致に成功した国際イベント、それが一九七〇年（昭和四十五）の大阪万国博覧会だった。また、その二年後には札幌冬季オリンピックが開催された。

八年のあいだに三つもの国際イベントを開催する。その過程にはとんでもないエネルギーと手間を要したはずだが、敗戦からの完全復興と高度経済成長の成果を世界に強烈にアピールするための、日本による狂おしいまでのパフォーマンスだった。

ホテルオークラ開業の一九六二年から一九七二年の札幌オリンピック開催までの十年間で、日本の輸出額はじつに五倍となって貿易黒字が急拡大した[46]。それが牽引役となって税収は太り国家財政は潤った。「欧米先進国に追いつけ」はもう夢ではなくなり「先進国の仲間入り」が現実的な目標となってきた。

そうした国際経済のなかでの日本の立ち位置は、ホテルオークラに働く従業員たちの使命と同調するものだった。「欧米先進国に追いつけ」という国家の命題は、彼らが誓っていた「帝国ホテルに追いつけ」の命題に重なっていた。

東京オリンピックまえの時期がホテル開発の第一次ブームだったとすれば、一九六五年から七〇年にかけては第二次ブームとなり、この五年間で、国内のホテル軒数・客室数はともにそれまでの倍増という状況となった。関西では一九六七年から七〇年にかけて大阪キャッスルホテル、ホテル阪神、京都パレスサイドホテル、六甲オリエンタルホテル、ホテルプラザ、東洋ホテル、京都グランドホテル、千里阪急ホテル、京都プリンスホテルなどが続々と開業した。

このころになると、万博、冬季オリンピックといった国際的要因もさることながら、所得が増えた庶民が旅行をどんどん楽しむという国内的要因のほうが、むしろホテル開発ブームを後押しするようになる。

旅行ブームに合わせて市場を急拡大させたものに、コンパクトカメラもあった。掌サイズのオリンパスペンやヤシカエレクトロ35などは携行にたいへん便利で、初心者でも失敗なくきれいな写真が撮れるという謳い文句で超ベストセラー機となった。そうしたコンパクトカメラや八ミリカメラ・映写機が、庶民の趣味として急速に市場拡大していった時代である。

国際イベントの連続開催によって、国際観光目的地・日本の認知度は世界で格段にアップし、高度経済成長で国民の観光旅行市場が一気に拡大した。日本の観光業界はしばし、わが世の春を謳歌することになる。

ところがそういう熱狂は長くつづかなかった。

一九七五年（昭和五十）の夏、突然大きな変化が起きる。米国発のニクソンショック（ドルショック）と、それに端を発した変動相場制移行、円高進行である。

第二次世界大戦後の国際経済は、通貨安定のために金ドル本位制度と固定為替相場制（ブレトン・ウッズ体制）を採用していた。しかし一九六〇年代に入ってからベトナム戦争での軍事費拡大などで貿易赤字と財政赤字に悩むようになった米国は、金保有量が激減したために金ドル交換ができない状況となり、ドルへの信認が大きく揺らいだ。この防衛のため当時のリチャード・ニクソン大統領は一九七一年八月十五日、テレビとラジオで演説し、米ドルと金の兌換停止をはじめとする七項目からなる「新経済政策」を発表した。

各国がそれを知ったのは発表のあとで、まさに「ショック」だった。為替相場はほとんどの先進国で大荒れとなった。年末には米ドルの切り下げを主要十カ国が容認したが、これによって日本円とドイツマルクがとくに大きな影響を受けた。一ドル三百六十円で固定されていた円は七三年二月になってついに変動相場制に移行し、円高がしだいに進行していった。

円高が急に進めば、主要国からの日本投資や観光需要は減退する。とくに訪日旅行市場別で五割前後のシェアを占めていた米国がそういう状況であれば、観光業にとっても大きな痛手である。大阪万博の開催年をピークとして訪日旅行は停滞し、それから四、五年は成長が止まったままとなる。円ドル相場は七三年から七六年にかけて、政府・日銀による介入もあり三百円台に近づく動きもあったが、七八年十月には百五十二円をつけ、それからは円高が定常的なものとなっていった。

海外市場の需要が減ったなら、国内市場でカバーすればいい――。そういう論理はしかし、世界の主要都市を代表するような高級ホテルの宿泊部門では通用しない。格式が高いホテルほど主要国の市場バランスにはこだわり、その万遍のなさが格式の裏づけとなる。いくら長い歴史があろうが、どこかの市場に偏ってしまっているホテルは「格式あるホテル」とはいいがたい。だから円高が急激に進もうとも、主要ホテルにとって米欧主要国はなんとしても旅客を確保しなければならない市場だった。

さらには、ニクソンショックのつぎなるショックが日本を襲う。第四次中東戦争に端を発した第一次オイルショック（七三年十月~七四年八月）である。

戦乱で中東からの石油輸入ルートが寸断されれば、日本の生産活動や物流が立ちいかなくなり、深刻な物資不足に陥る。そういう噂が巷で一気に拡散して、不安に駆られた庶民がトイレットペーパーや洗剤、調味料など生活必需品の買いだめに走り、スーパーや小売店の棚からそれらがすっかり姿を消してしまった。

さらに石油関連製品はすべて値上がりして急激なインフレが訪れ、「狂乱物価」という流行語が生まれる。そのため順調だった日本経済に急ブレーキがかかり、七四年度は戦後はじめての経済マイナス成長となった。それは一九五七年から長くつづいた高度経済成長の終焉を意味し、消費拡大を煽って成長につなげるそれまでの風潮がみなおされることになる。この石油危機の直後に作家の堺屋太一が発表した小説『油断!』は大ベストセラーとなった。

イラン革命とその後のイラン・イラク戦争を発端とする第二次オイルショック(七八年十月〜八二年四月)も影響が大きかった。イラン、イラクとその周辺国での採油が滞った結果、国際原油価格は三年間で約二・七倍に高騰し、世界に激震が走った。ただ、このときは第一次オイルショックのときの反省が生かされて、日本では社会的混乱があまり生じなかった。日本は第一次、第二次オイルショックを契機に「エネルギー安定供給政策」を強化し、石油供給ルートの多角化、エネルギー源の多様化、省エネ運動などを進めていくことになる[47]。

ホテルオークラは開業から十年が経過していた。

東京オリンピック、大阪万博という国際イベント開催を機に訪日旅行への関心、需要も高まった。そのため七三年十月には客室数四百三十室、宴会場十六室、三つの新たな飲食施設からなる別館を開業させた。

ホテルオークラ敷地から道路一本を隔てた西南側の隣接地は、新日本製鉄（現日本製鉄）の施設や個人宅が建ちならぶ場所だった。増築をするならばここしかないといえる場所だが、住宅専用地区だったので手がでなかった。しかしそののち地目変更がなされ、商業施設の建設も可能となった。野田はこの機を逃さず新日鉄の稲山嘉寛（いなやまよしひろ）社長（当時）に談判して土地を譲ってもらい、隣接する住宅地も少しずつ買い集めていった。その合計四千六百坪がホテルオークラ別館用地となった[48]。

別館開業で、客室数は本館五百五十室と合わせて九百八十室となり、ワールドクラスの大型ホテルの仲間入りを果たした。さらに別館には屋内温水スイミングプール、ジムナジウム、メンバーズサロン、サウナなどからなる日本のホテルで初の会員制ヘルスクラブも開設されて大きな話題となった。

そして皮肉にも、まさにそういう華々しい業容拡大のタイミングに合わせるように、円高移行、オイルショックという「二つのショック」が巻き起こったわけである。

第一次オイルショックのさいには購買担当者が青ざめた。なにしろ別館ができて九百八十室を擁することとなった巨大ホテルである。トイレットペーパー一つとっても、それが入手できないとなれば致命的だ。庶民が怒涛のように買いだめに走ったことでメーカー在庫は一気に減り、担当者はその確保のために血相を変えて各所を走りまわった。

原油高騰による光熱費アップも巨大ホテルにとってはたいへん痛かった。それ以前に、経済悪化と将来不安から消費が冷えこんで宿泊部、レストラン・宴会の各部門ともに需要が細り減収となった。

これを境に、ホテル業界の営業政策で一大変化が起こる。それは個人客獲得のためのマーケティングの導入である。

それまでの営業は宿泊部門にしてもレストラン・宴会部門にしても法人営業が軸となり、個人客への営業はそれを補完する位置づけだった。海外市場でも、海外セールス課や海外現地代理店が日本渡航で実績を持つ現地企業に営業をかけることが営業戦術の柱だった。ところが円高基調の定着と不況のダブルショックで、柱である法人需要が一気に縮小してしまった。そうなれば一般の個人客に頼らざるをえなくなる。

ここがホテル業界にとっての一大転換点となった。

大量消費の時代は終わった

価値観の多様な個人客を狙うとなれば、さまざまな切り口で需要をすくいあげていくマーケティング手法が必要になる。「どうぞホテルをお使いください」というアプローチから「こういう魅力的な企画商品をつくりましたので、いかがでしょうか」というアプローチへの移行だ。さらにターゲットとなる客層がいつも視聴し、目にするようなメディアによる広告やパブリシティの展開が連動していくことになる。

法人需要から個人需要への転換は九〇年代前半のバブル崩壊からの平成不況期においてもさらに大規模におこなわれ、マーケティング手法もいっそう多角化した。七〇年代までとそれ以降でのホテル営業手法の決定的なちがいは、この国内むけの個人客マーケティングの進展にある。もっともこれは、なにもホテル業界にかぎっての話ではなく、製造業やサービス業などあらゆる産業で起こったムーブメントだった。

一九五〇年代後半からは生真面目に働く日本人の特質によって日本に高度経済成長がもたらされた。所得が増えて、一家四人一間暮らしという暮らしぶりはもう過去のものとなり、だれもが豊かな暮らしを求めてやがて大量消費の時代が訪れる。忍耐の時代だった戦中戦後の反動もあって、大量に生産し大量に消費することが美徳であった時代。

その熱狂の日本に、ドルショックとオイルショックは冷や水を大量に浴びせかけた。産業界は営業のみなおしと経営引き締めに躍起となる。「大きいことはいいことだ」のCMに代表された大量消費礼賛の時代は終わりを告げ、節約して効率化することが美徳という時代になった。

オイルショックから政府が音頭をとっての一大運動となった省エネは、ホテル館内空調温度の規制にまでおよんだ。一定温度以下・以上にしないでほしい、という当局からの通達だった。ホテルにとっては費用削減につながるが、それを客の側に強いることには格式のあるホテルほど抵抗がある。ゲストに説明して納得してもらうのはたいへんだった。

ホテルオークラも一九七四年（昭和四九）一月、費用削減の徹底を目的として社内に「時局対策委員会」を立ちあげた。大時代的でどこか戦時中を想わせる名称だが、訪日旅行需要の停滞と国内消費急減速という未曽有の危機に立ちむかい、従業員に危機感を持ってもらうにはそれくらいのインパクトが必要だったのだろう。なにしろ従業員たちも世の大量消費ブームに慣れきって、節約意識がすっかりゆるんでいた。

委員会には人件費、洗濯費、水道光熱費、消耗品、売掛金回収、破損防止の科目ごとに分科会が設けられ、取締役の大崎磐夫を長とする事務局がとりまとめて徹底的な合理化をめざした。

人件費については従業員削減や賃金カットには手をつけなかったが、残業ゼロ運動、業務委託のみなおしなどが徹底された。業務委託費の削減では、外部の配膳会（飲食部門サービス要員の派遣、調理補助、食器洗浄管理などをおこなう企業）や館内清掃での外部委託を減らし、そのぶんを従業員がカバーした。外部委託によって日ごろやらなくてもよかった皿洗いや館内清掃を分担してやるということで、従業員たちの負担が増した。

その努力の結果は、「ホテルオークラ社内報」（一九七五年三月発行）に詳しくみることができる。

時局対策委員会が立ちあがった一年後、人件費分科会の業務委託費節減作業では月額にして約八十万円を節約することができた（一九七五年一月の前年同月比較）。大卒初任給が七万九千円ほどの時代で、新卒社員給与十人分だから驚くほどの数値ではないが、その額が毎月の純利益となっていくと考えれば、これは大きい。高級ホテルで八十万円の純利益を稼ごうとすれば、その十数倍の売上高が必要となる。とくに厨房の洗浄作業では、従業員がカバーすることで外部委託作業時間を三八パーセント削減できた。

同様に、消耗品分科会による、従業員が消費する消耗品費（事務用消耗品＋雑貨消耗品）のみなおし作業で全社的な節約を徹底した結果、月額で合計三百八十万円を削減できた。

かなりの額である。しかしこれについては、いかにそれまでの節約意識が緩かったかということの裏かえしでもあり、高級ホテルだからという甘えもどこかにあったのではなかったか。

洗濯費分科会では、それまで自社工場で直営していた洗濯業務を外部委託（自社工場への人員派遣）に切り替え、余剰人員をほかの業務分野に振りむけた。また、建ったばかりの別館に「ランドリー・サービスカウンター」を新設した。本来の客室ランドリーサービスとはべつに、ゲストがいつでも持ちこむことができる市中の洗濯店のような存在だが、それに加えて、近隣周辺の住民にも高級ホテルグレードの技術を提供し、新たな収益構造を生みだそうというものだった。さらには、従業員の家族などを対象として料金を一割引とした。この結果、月額売上高約八十万円を計上することになった。

なかでも水道光熱費分科会の作業はたいへんだった。オイルショックや円高がとんでもない打撃となったからだ。

ボイラー用燃油の価格は、第一次オイルショックが起こる以前の一九七三年一月時点では一キロリットルあたり一万円強だったが、翌年四月には三倍に跳ねあがっていた。電力料金も八七パーセント、ガス料金も五九パーセントそれぞれ値上げされていた。その結果、総売上高光熱費比率は、値上げ以前で一・六パーセントほどだったものが、なんと四パーセントにもなってしまった。

そこで、需要減退によって生じはじめた客室の空室分を、空調ゾーンごとにまとめる客室アサイン上の工夫を徹底し、一部の空調系統を停止することなどで月額百六十万円の経費削減を達成することができた（一九七五年一月の前年同月比較）。ただこれについても、それだけ宿泊客が減少していたためという側面もある。

大型シティホテルの場合、外部業者に委託している範囲は客室清掃、配膳、館内清掃、機器点検保守、警備など多岐にわたる。だから一つひとつをみなおして効率化していけば費用はかなりの額を削減できる。しかしそれは裏をかえせば、気を抜けば委託費はどんどん膨張していくということである。

現場は本来の仕事に専念したいし、なるべく楽をしたいので、外部委託による補助を求めたがる。それを聞き入れていると委託費用は際限なく膨らんでいく。うそのように儲かっていたバブル期はまさにそうだった。

なにか負の環境変化が起こったとき。それを好機として、それまでに溜まった「無駄」を都度、削り落としていくことは、不確実性がますます増している企業経営にとって必須といえる作業だろう。

開業時からの経費管理の担当重役で、時局対策委員会設立当時は社長だった青木寅雄は

「わたし自身の五十年にわたる企業人としての生活のなかでも、今日ほど先の見通しの困難なことはなかった」と社内報で従業員たちに訴えた[49]。

海外進出のパイオニア

アポロ11号が人類初の月面着陸を成功させたその翌年の一九七〇年一月、世界の航空業界、旅行業界が注目する超大型機がニューヨークを飛び発ち、ロンドンにむかった。ボーイング747型機（ジャンボジェット）の定期路線初就航である。

それまでの大型機であるボーイング707やダグラスDC8などに比べて倍以上の座席数（三百五十～四百五十席）を持つ新型機は、初期発注組である米航空各社、日本航空、英国海外航空（のちのブリティッシュ・エアウェイズ）、エールフランス、ルフトハンザドイツ航空などにつぎつぎと納入されていった。同年七月には日本航空の同型機が羽田～ハワイ・ロサンゼルス間に初就航した。

この大量の座席数を誇る超大型機の就航に合わせて主要国で導入されていったのがバルク運賃（団体運賃）で、割安なパッケージツアーや団体手配旅行が開発されて世界的な旅行ブームが巻き起こった。

日本交通公社（当時）は七一年に国内パッケージ商品の「エース」を開発、さらに六八年から展開していた海外パッケージ商品「ルック」でも、バルク運賃を活用した商品バリエーションを急拡大させた。さらにバルク運賃をバラ売りする格安航空券も市場で一気に普及し、安く個人海外旅行を楽しめる時代がやってきた。

そして、それに合わせるように東京や大阪では八百室～千室という大型ホテルが誕生していく。ホテルオークラも別館の新設で仲間入りを果たした。帝国ホテルも二代目本館（ライト館）から三代目本館への建替えによって七百七十七室の巨大ホテルとなり、東京オリンピックの直前に開業したホテルニューオータニは千室超の規模を誇った。また大型化とともに宴会場やレストラン施設の数とバリエーションも増えた。企業の接待需要や婚礼需要が急激な右肩あがりとなっていたからだ。

円高進行とオイルショックによる不況は、そういう拡大志向の熱を一気に冷やした。ほかのホテルが守勢にまわるなかで、しかしホテルオークラは逆に積極拡大策を選択する。それは海外進出の道だった。ホテルオークラは日系ホテルとして海外進出に挑んだパイオニアである。「世界に誇る迎賓ホテル」を理念とするオークラにとってそれは必然であり、じつはその海外進出のベクトルは創業時から定まっていた。

なんと、虎ノ門でまだ本館の建設工事がおこなわれていた六〇年代初頭には、ハワイ、グアム、ブラジル、メキシコなどの環太平洋地域でのホテル展開に関する事業可能性調査をすでにおこなっていたのだ[50]。

もちろん社長の野田の判断によるもので、ふつうなら本丸の基盤確立に全力をあげるところを、この時点で海外戦略を視野に入れていたというところはいかにも国際派の野田らしい。

「世界に打ってでて、オークラの理念と運営ノウハウをその地に根づかせる。それはまた東京の本丸の海外宣伝にも結びついていく。さらに社員スキルの国際化も図っていく」

そう野田は社員にむけて理念を発信して、海外展開の道筋を示した。この時点からホテルオークラのスローガンに「帝国ホテルに追いつけ」に加えて、「世界をめざせ」が掲げられることになった。

最初に手がけたのはインドネシアでのホテル開発および経営支援だった。日本のホテル大手としては初の海外進出だった。戦後、インドネシアへは日本から戦争賠償金が支払われたが、それを活用して同国では四つの国営ホテルが建設されることになった。

そのうち、ジョクジャカルタのアムバルクモ・パレスホテルと、首都ジャカルタから近いプラブハン・ラトゥのサムドラ・ビーチホテルの二つが大成観光の支援を受けることになり、一九六四年四月に五反田にあるインドネシア大使館で調印式がおこなわれた。残りの二軒は大成観光と販売提携を結んでいたインターコンチネンタルホテルズが担当することになり、家具・什器類や飲料などの購買では二社による共同購入体制がとられた。

ホテルの設計・施工は大成建設、インテリアデザインは柴田陽三率いる観光企画設計社が担当した。オークラは幹部社員を開発要員として現地に派遣した。ホテルオークラ初代支配人の蒲生恵一をはじめ、のちに東京の総支配人となる山崎五郎（アムバルクモ・パレスホテル初代支配人）、高橋泰（同第二代支配人）、綾部利三郎（同第三代支配人）らが運営体制構築にあたり、総勢三十二人の社員が派遣された。

直後にインドネシア共産党と左派軍人によるクーデターが起こり、これをスハルト陸軍少将率いる国軍が鎮圧する「九・三〇事件」があったため、現地派遣社員全員が一時帰国するというハプニングもあった。しかし六六年初頭にはどちらのホテルも無事に開業し、それから五年間にわたって大成観光による経営指導がおこなわれた。この功績によって、青木寅雄副社長（当時）にはジャワ島西部バンドン市の名誉市民権が与えられた。

さらに、インドネシアのプロジェクトが進んでいた六五年、突然オランダからホテル開発の要請が大成観光にもたらされた。要請はＫＬＭオランダ航空からのものだった。

「首都アムステルダムで高級ホテルが不足しているので、ぜひとも貴社にホテルを開発してもらいたい。アムステルダム市とＫＬＭは協力を惜しまない」

そういう内容だった。こんどは経営指導というリスクの少ない契約とちがって、アムステルダム市有地に大成観光が自前でホテルを建てて、その経営会社にKLMはじめ現地企業と日系企業が出資するという合弁事業の話である。それも大成観光側からアプローチしたものではなく、むこうから誘ってきた計画だった。

ホテルオークラ本体も開業から三年が経過したばかりで、予想よりはやく黒字化を達成したものの、まだまだ気が抜けないという段階のこと。成功すればヨーロッパの地でホテルオークラの知名度を高めることができるが、失敗すれば、せっかく東京で地歩を固めつつある本体の足を大きく引っぱることになる。下手をすれば会社が立ちゆかなくなる恐れもある。降って湧いた魅力的な話ではあるが、それは同時に大きなリスクをはらむ誘惑でもあった。

加えて、オランダの首都で最大都市であるアムステルダムがヨーロッパ域内でどれくらいの市場性を持つのか、エリアがどういう産業構造になっているのか、旅行者の属性がどういうものなのか、日本企業の進出度や業種属性はどうなのか。そういうことを一から調べないといけない。

進出日本企業の概要についてはJETRO（日本貿易振興会＝現日本貿易振興機構）に問い合わせればある程度はわかるが、現地出張の頻度、商談会やパーティーなどの催事ニーズがどれほどあるのかは個別に聞きとりをしないとわからない。さらに運営面でいえば、現地雇用スタッフの労働条件や労働組合の状況、食材の入手ルートなども調べないといけない。

とてもではないが、すぐに合意できるような話ではない。そう判断した大成観光は「市場調査のために一年の猶予が必要」と市当局とＫＬＭに条件提示し、その了承をえた。ところが現地に社員を派遣していざ調査をはじめてみると、一年で結論をだすことはとてもできそうになく、二年の調査期間を要することがわかった。

そして二年が経った。野田がだした答えは「ゴー」だった。この決断について、野田の側近だった大崎磐夫はつぎのように語っている。

（野田社長は）経営としてももちろん成功しなければならないけれども、従業員をアムステルダムに送ればヨーロッパ全部をみることができる、そうすれば国際的に通用する従業員が育つんじゃないかということで、ホテル学校としての価値もあるとして進出したわけだ（『ホテルオークラ社内報 故野田岩次郎会長追悼特集号』座談会記事より）

このくだりに野田のオランダ進出への思いが集約されている。国際派ホテルグループへの足がかりであると同時に、国際派社員の養成機関としての役割をも与える。どうせやるならば一つではなく、いくつもの得を生めるようなスキームとして考える。それが野田の考えだった。

一九六八年（昭和四十三）五月になってようやく経営主体であるアムステルダム・ホテル・エンタープライズN・Vが設立され、ホテルの建設がはじまった。運河のほとりに建つ地上二十三階・地下一階建ての建物は当時、アムステルダムでもっとも高いビルとして注目が集まった。こうして客室数四百十一室（現在は三百室）のホテルオークラ・アムステルダムは一九七一年九月二十四日に開業した。

ところが、スタートからの業績はたいへん厳しいものとなった。

まず、アムステルダム市が隣接地に開発を約束していたオペラハウスの建設が延期された。これについて大成観光側は訴訟も考えたが、アムステルダム市側がホテルの借地代を無料とする条件を示したことで和解した。さらにホテル開業に前後して四つの国際級ホテルがあいついで市内にオープンし、一気に競争が激化した。そんな開発計画があることは市当局からまえもって知らされていなかった。市側は秘していたのだ。

開業二年後には第一次オイルショックがあり、その影響はオランダの産業界でも深刻なものとなった。すると本業の業績回復を優先したKLMは「すべてのホテル関連事業から撤退する」と宣言し、ホテル経営会社の持ち株を日本側に全部引きとってもらいたいといいだした。出資していたほかのオランダ企業も同一歩調をとることになり、結局、株式の全額を日系企業出資（大成観光四四・六パーセント＋ほかの日系出資企業五五パーセント）とするしかなかった。日本側の契約条項の詰めも甘かったところはあるが、オランダ側の態度はあからさまでひどいものだった。

大成観光にとってはまさに正念場だったが、三年でおめおめと撤退するわけにもいかない。けれども、我慢し、切り詰めて運営をつづけるうちに徐々に業績も軌道に乗りだして、開業九年後の八〇年には単年度黒字化をなんとか達成できた。

それからはアムステルダムの高級日系ホテルの地位をたしかなものとしていって、これまで五十年以上の歴史を刻んでいる。日本庭園に面して眺めのよい和食レストラン山里などは、ヨーロッパでの日本食ブームも手伝ってとても高い人気を誇っている。

ホテルオークラ・アムステルダムの開業を二年後にひかえた一九六九年には、日本でのホテル合弁事業の話が伊藤忠商事から野田社長のもとに持ちこまれた。

「世界的な船舶オーナーであるギリシャ人のレモス氏が、東京でホテル建設を希望している。近いうちに会ってほしい」

野田は伊藤忠商事の顔を立ててそのギリシャ人実業家と面会するが、胸の裡では「否」と決まっていた。

「いまから東京で土地を買って開業したら天文学的なカネがかかる。やめたほうがいい。たとえばグアム島というのはどうか。グアムなら日本から三時間半でいけるし、近いうちにリゾート地としてかなり人気がでる」

東京の代わりにミクロネシアの島を推薦したのだった。

日本からも近いグアム島はオークラが展開想定地域とする環太平洋地域にあり、六七年にパンアメリカン航空が羽田とのあいだに初の直行便を就航させ、七〇年には日本航空がつづいていた。日本にとってそれまでのグアムは戦没者慰霊の地であり、チャーター便や船便でしかいくことができなかったが、航空定期便の就航によって四時間以内でいける海外リゾートとして熱い注目を集めるようになる。

レモスは後日ふたたび野田のもとを訪れて、こう切りだした。

「グアムで土地を手当てしたので、オークラでホテルをやってほしい」

野田は呆気にとられた。グアムを推薦したものの、オークラのホテルをだすとは一言もいっていない。しかし自ら提案したことでもあり、自身、グアムの可能性には関心を寄せていたから、その申し出を結局は受けることにした。

事業形式はこうだった。グアム在住の富豪ガルボが、島のタモン湾に面する所有地を現物出資し、大成観光、伊藤忠商事、レモスがそれぞれ資本を供出。四者による合弁事業が成立し、七〇年二月に現地法人グアム・リゾート・インコーポレイテッドが設立された。今回、大成観光の出資分は一四パーセントに限られることになり経営リスクは軽減されたが、運営業務は現地法人から受託するかたちでオークラが全面的にめんどうをみることになった。

こうしてグアム・ホテルオークラは七二年十二月に開業した。米国準州の英語圏だが、現地のホテルオークラでは日本語があたりまえに通用する。それはまだ海外旅行慣れしていない日本人旅行者にはこころ強いことで、おりからの海外旅行ブームに乗って業績は開業時から好調となった。

円高の進行は、外国人客比率の高い日本の主要ホテルにとって逆風だったが、ハワイやグアムなどへ旅行する日本人にとっては大きな追い風となり、進出ホテルにとってもその恩恵は大きかった。同ホテルは二〇〇八年にホテルオークラによる運営契約が終了し、資本も引き揚げた。そのあとは外資のグアムアウロラリゾート、二〇一五年には韓国ロッテグループのロッテホテルに転換された。グアムのあとは、韓国ソウルのホテル新羅（七九年開業・合弁事業でのちに販売提携契約）、台湾台北の来来シャングリラ（八一年開業・技術支援契約がその後終了）といった顔ぶれがつづいた。

そしてオークラニッコーホテルマネジメント（買収した旧ＪＡＬホテルズと一体化のうえ二〇一五年に社名変更）による海外のホテルの陣容は現在、アジアでは上海、マカオ、台北、ソウル、済州島、マニラ、バンコク、米国ではハワイ、ヨーロッパではオランダなど二十八軒となっている。さらに二〇二六年以降の開業分としてマニラ（ベイショア）、サイゴン（ホーチミン市）、トルコ・カッパドキア、中国・蘇州、オマーン・マスカットというところが予定されている（二〇二四年十一月現在）。いま同社社長として世界・国内チェーンホテルの運営業務を統括しているのは、喜七郎の曾孫である大倉喜久彦（おおくらきくひこ）である。

ホテルオークラを追うかたちで、日系のホテル企業は七〇～八〇年代に海外に乗りだしていった。まず日本航空系のニッコーホテルズ、ＡＮＡホテルズ、プリンスホテルなどが海外展開を強化した。

バブルの絶頂期には、東急系のパンパシフィックホテルズが環太平洋地域で広域展開し、さらにセゾングループがインターコンチネンタルホテルズを、大阪を本拠とするゼネコンの青木建設がウェスティンホテル＆リゾート（現マリオット傘下）の経営権を買収するなどして、日本資本の世界進出が大きな話題となった。いずれもバブル経済のカネ余りを背景とした拡大路線だった。

これらのなかでハワイとアラスカに特化していたプリンスホテルを除けば、やはり、いずれもバブル崩壊とともに撤退の憂き目をみることになる。とくに航空会社系は長期不況による業績悪化から本業回帰を鮮明にし、ＪＡＬ系はのちにホテルオークラと、ＡＮＡ系はセゾン傘下から英国籍となったインターコンチネンタルホテルズとそれぞれ合併した。

そして現在、日系ホテル企業はグローバル企業への脱皮を図るとともに、少子化などで国内市場が縮小していくことも見越して、ふたたび海外進出に賭けるようになっている。オークラニッコーしかり、プリンスホテルしかり、さらにまた宿泊主体・特化型を主戦場とするビジネスホテル系のグループもつぎつぎと海外展開に乗りだしている。米欧グローバル企業の強大な運営ノウハウにどこまで伍していけるのか、こんどはカネの力ではなく、運営力そのものが試されている。

米欧主要誌の評価と英国人ジャーナリスト

一級の国際的迎賓ホテルという目標を実現する――。そのためには理念が隅々にまでいきわたるマニュアルやシステムの構築、恒常的な英語研修や接遇研修が必要であることは当然だが、それらを黙々とやっていれば自然と評価がついてくるかといえば、それほどことは簡単ではない。計画的な海外市場に対する営業と広報活動がどうしても必要だ。

野田岩次郎社長は海外出張に赴くとき、かならずオークラのポケットサイズのパンフレットをたくさん持参した。スーツの内ポケットにも入れておき、旅客機のファーストクラスで隣に乗り合わせた外国人乗客に、身分を名乗ったうえでそれを差しだすということまでやっていた。相手は出張で東京路線を利用するビジネスエリートだから、まさにオークラがターゲットとする客層である。

また英語が堪能な野田は、米国などで開催される国際旅行見本市に自ら出向いていったが、そこでも有能な営業マンぶりを発揮した。商社社員時代に米国内を営業で飛びまわっていたから、商品（ホテル客室）を言葉巧みに売りこむことは得意中の得意である。

社長自らそういうことを日常的にやっているのだから、ほかのスタッフたちも、海外営業はその部署に任せておけばいいというふうにはならない。みなが社長に倣って海外市場開拓で自分にできることはないかと知恵を絞った。

ホテルオークラが開業した高度成長期はちょうど、東京に拠点を設ける外資系企業が一気に増加した時代でもあった。そのため非営業部門の社員たちも都内の外資企業オフィスを訪ねてパンフレットを配り、パーティープランなどの説明をした。さらにこれは国内営業を含めての話だが、一九八一年三月から三カ月間は「全員総セールス運動」なる一大販促イベントも展開し、全社員が親戚や知人、さらに伝手を頼っての営業活動に精をだした。

「プライドの高い帝国ホテルの連中に、こんな真似はできないだろうな」

そんなふうに自虐的にいって成績を誇る非営業部門の社員もいた。

いかにも〝イケイケドンドン〟のこの時代らしい営業活動の風景だった。そうした努力の積み重ねが、やがてホテルオークラの名を世界に広めることにつながっていった。格式を備え保つための絶え間ない運営力の錬磨と、それを支えていけるだけの収益力、この両輪がそろって勢いよくまわらなければ、めざす「日本を代表する迎賓ホテル」にはなりえない。従業員たちのベクトルは明確だった。

米国に『インスティテューショナル・インベスター（ＩＩ）』という月刊誌がある。「機関投資家」を意味するタイトルのこの金融経済専門誌は、発行部数がじつに十四万部。世界最大の経済誌といっていい。世界の銀行ランキングなどさまざまな事業分野の調査を実施していて、その結果を指標とする投資家は米国だけでなく世界にあまたいる。

そして同誌で大きな影響力と人気を持っているのが「世界のホテルランキング」である。といってもこれはホテル企業への投資を目的とするものではない。投資家たちが「世界のどのホテルが宿泊先としてベストか」を選ぶランキングなのだ。回答対象者は年間六十五泊以上のホテル利用者で、チェック項目は百にもなる本格的な調査だ。

つまり世界の都市を飛びまわっているビジネスエグゼクティブたちが選ぶ「ベスト」というわけである。そのため世界の主要ホテルの総支配人たちはこのランキングの結果発表を毎回、固唾を呑んで見守ることになる。その順位が自分の成績としてダイレクトに示されることになるからだ。

このホテルランキングで、ホテルオークラは一九八一年と二年後の八三年に第二位に、八二年と八四年に第三位に選ばれている。ちょうど開業二十周年という節目での連続の栄誉で、開業から積みあげてきた努力が花開いた結果だった。そして「帝国ホテルに追いつけ」のミッション達成が現実感をともなってきた瞬間でもあった。

また八五年には、英国の月刊金融経済誌『ユーロマネー』の旅行調査で一位に選ばれた。同誌は二万五千部とIIより発行部数は少ないが、ヨーロッパの金融経済界では多大な影響力を持つ。この年の旅行調査では航空部門でスイス航空が、ホテル部門でホテルオークラが一位となった。世界主要二十四都市のホテルが対象で、回答対象者は年間十二回以上の海外渡航をし、主要ホテルに二十五泊以上する企業経営者や機関投資家である。

ところで、帝国ホテル、ホテルオークラ、ホテルニューオータニのいわゆる御三家をはじめ主要ホテルがターゲットに据える富裕層というものは現在、世界にどれくらいの規模で存在するのだろうか。

クレディ・スイスのリサーチ部門がまとめた『グローバル・ウェルス・レポート2020』によると、五〇〇〇万米ドルを超す純資産を保有する「超富裕層」は二〇一九年末時点で約十七万五千七百人いて、北米在住者が五三パーセントを占めた。このうち一億米ドル以上の「超々富裕層」が約五万人、さらにそのうえの五億米ドル以上が約四千四百人だった。なお二〇二〇年初頭からは新型コロナの影響で旅行需要が大きく減退したので、現時点ではこの二〇一九末での同調査が「定常的な最新のもの」といえる。

さらに超富裕層の下に位置する「富裕層」、いわゆるミリオネア（純資産一〇〇万米ドル以上）は同年末時点で世界に約五千二百万人いて、そのうちの三九パーセントが米国、一一パーセントが中国だった。日本はずっと米国に次ぐ二位だったが、この数年前に中国に抜かれた。ただその中国も景気後退があきらかで、富裕層のボリュームも縮小しているうえに国外脱出の動きも目立つ。

著名なホテルランキング調査でホテルオークラが選ばれた背景には、前述のような総動員体制による営業活動のほかに地道な広報活動もあった。ちょうどＩＩやユーロマネーでランキングトップや上位に選ばれた当時をはさんで約十年間、海外広報活動に携わったのが、今年で八十五歳になる元広報マンの武田尚一（たけだしょういち）である。

ホテル開業翌年の秋に入社が内定していた武田は、大学在学中からオークラで働いていた。入社後はいろいろな部署を経て広報課に配属され、東京にオフィスを持つさまざまな海外メディアのほか海外の経済・旅行専門誌紙とコンタクトを保ち、オークラの知名度アップに寄与した。

そういう活動のなかで、思い出深く、忘れがたい一人の英国人ジャーナリストがいると武田は懐かしむ。一九六四年に英誌『フィナンシャル・タイムズ』を日本で発行するために初代東京支局長として来日した日本外国特派員協会メンバーの最古参、ヘンリー・スコット・ストークスである。

「ストークス氏は、住居が決まるまでのあいだオークラに滞在していました。そのあいだにすっかりオークラのファンになったようです。七八年からは『ニューヨークタイムズ』の東京支局長に転じて活躍しましたが、同紙の東京特集で二度にわたって『ホテルオークラは東京で一番のホテル』という署名記事を書いて、その理由としてルームサービスの時間の正確性、メッセージ伝達の確実性、ゲストを名前で呼ぶことの三つを挙げました。記事の影響力はたいへん大きく、この二回の記事配信がIIやユーロマネーのホテルランキングの結果に少なからず影響したものと推察できます。じっさい、ホテルランキング二位になった年のII解説記事には、ストーク氏が東京特集で書いた記事内容が反映されていました」

武田はそう回想する。オークラのメインバーであるオーキッドバーは当時、外国特派員協会記者たちの溜まり場だったが、このバーを愛するストークは頻繁に利用して記者たちと意見を交わしていたという。日本人女性と結婚して日本に長年住んだ彼は、三島由紀夫と親交を持ち、日本の文化や精神性を深く理解した知識人で、そうした日本論の著書も数多い。子息であるタレントのハリー杉山（本名＝ヘンリー・スギヤマ・エイドリアン・フォリオット・スコット・ストークス）はいま日本で活躍している。

武田はまた、オークラが一九七九年に設けたエグゼクティブ・サービス・サロン（ＥＳＳ）の初代責任者に任命された。ＥＳＳは取締役だった橋本保雄（のちに常務、専務、副社長）の発案から生まれた。そのあと日本中のホテルで開設があいつぐことになるホテル内ビジネスセンターのはしりで、日本でのビジネスに関するさまざまな便利情報を提供して外国人ゲストの評価を高めることに寄与した。とくに日本市場参入のための拠点設立をめざして来日したものの、役所との折衝や商習慣のちがいに困惑する外国企業の社員たちからは頼りにされた。

「なにか困ったことがあれば、まずはオークラのＥＳＳに電話してみろ。そんなアドバイスが欧米企業の東京駐在社員のあいだで定着していったようです。もちろんいまのようにインターネットなど普及していないので、必要な情報を入手するにもたいへん苦労した時代でした。でも、なんとか要求に応えようと必死に調べて伝える。それでおおいに感謝される。そんなことの積み重ねも海外での評価につながっていったのだと思います」

そう武田は振りかえる。

ところで、一九八一年にＩＩのランキングで世界第二位になったときの興味深いエピソードがある。

週一回開かれる定例部課長連絡会議の席上、二位になったことが報告され、ＩＩのホテルランキングがいかに世界のホテルで影響力を持っているかについても説明がなされた。部課長たちはもちろん喜色満面、ついに世界に認められたと歓声をあげた。するとその席で、八十四歳になり名誉会長となっていた野田が、不思議そうな、つまらなそうな顔つきをしてこう言葉を発したのである。

「うちが一位じゃないのかね――」

「一位はバンコクのオリエンタルホテルです」

進行役がそう説明すると、

「おかしいよ、君、それは」

会議が終るとすぐ、新支配人に就任したばかりの山崎五郎が名誉会長室に呼ばれた。そして野田はいきなり彼にむかってこう告げた。

「これからすぐにバンコクのオリエンタルホテルにいきなさい。オリエンタルホテルが一位になってうちが二位になったのは、どこがどうちがうのか、オリエンタルのどこがそれほど優れているのか、それを詳しく調べてきなさい」

名誉職に退いた野田が部課長会議の席にいまだ顔をだし、現場に注文をつける。彼に代わった新任の青木会長がいて、三顧の礼で迎えた前三井物産副会長の後藤達郎（ごとうたつろう）社長がいるにもかかわらず、である。二人の頭ごなしにそんなふうに命令を直接下してしまうあたりが、やはりいかにも野田らしいところだった[51]。

野田は、亡き大倉喜七郎に誓った「帝国ホテルに追いつけ」のスローガン実現をまだまだと感じていたのではなかっただろうか。これではまだ大倉会長の御霊に悲願成就を報告することなどできない、気を抜くな、重ねて精進しろ。そう現場を戒めたかったのだろう。

だれが呼んだか「ホテル御三家」

国策として明治の代に誕生した帝国ホテルがあり、戦後になってホテルオークラとホテルニューオータニができて、この三つは長らく「ホテル御三家」と称されてきた。もちろん徳川御三家になぞらえたものだが、それではなぜこういう言葉が生まれたのだろうか。

それは、迎賓館赤坂離宮の接遇を三ホテルが持ちまわりで担当したことに由来する。

一九〇九年（明治四二）に建設されたネオ・バロック宮殿様式の元赤坂東宮御所は、一九七四年（昭和四十九）から現在の迎賓館赤坂離宮として改修、運営されているが、ここでの公式晩餐会などでの外国要人接遇では当初、ホテルオークラ（七四年〜）、帝国ホテル（七五年〜）、ホテルニューオータニ（七六年〜）の三社が担当した。

そこからいつのまにか「御三家」の名が定着することになったようだ。そのあとプリンスホテルも受託するようになって四社体制となり、現在ではオープン入札による受託体制となっている。ただし受託できるだけのノウハウを持つホテルは限られている。

また、一九七五年にフランスで第一回が開催された主要国首脳会議（G7サミット）は七九年から日本でも開催されるようになり、これまで七回（一九七九年、八六年、九三年、二〇〇〇年、〇八年、一六年、二三年）おこなわれているが、このさいの首脳の接遇も主要ホテルは担当している。

ホテル御三家という言葉をだれが最初に使ったのかは不明だが、おそらく週刊誌などが名づけたものがいつのまにか広まっていったのだろう。実力者や人気者が三人いれば御三家と呼びたがるのは日本のメディアのつねで、芸能界では昭和歌謡の御三家、新御三家、女子アイドル御三家などがあり、政界や経済界でもその例は枚挙にいとまがない。

ホテル御三家という言葉が定着しはじめると、ほかの老舗系高級ホテルは三社をそれまで以上に意識するようになり、外国要人の接遇にかなうだけの技量修得で切磋琢磨するようになる。プリンスホテルなどは御三家につづく迎賓館接遇の受託を機に、メディアに対して「御三家はやめて四天王と呼んでほしい」とことあるごとに呼びかけるようになった。

ところでホテル御三家には、外国要人の受け入れでなんとなくテリトリーが存在してきた。

たとえば米国大使館の隣に位置するホテルオークラは米国、明治からの日英交流の舞台となってきたことで帝国ホテルは英国、ホテルニューオータニはその間隙を縫うように中国やソ連（ロシア）という具合だ。「なんとなく」というのは、そこに決まっているというわけではもちろんなく、英国の王室がホテルオークラを利用するということもあれば、米国のフォード大統領が帝国ホテルを利用したこともあった。

王族や大統領をはじめ外国要人を受け入れるのはたいへんな仕事である。その対象国の応接文化や歴史、慣習を理解し、それを応接業務に反映できるだけの知識と体制構築がなければ務まらない。たとえば出迎えの方法や食事のさいの席順など、儀式・儀礼に関する世界基準のルールとマナーがあって、それを英語でプロトコル、フランス語ではプロトコールと呼ぶが、ホテルにはそれを理解し対応するだけの高い能力が求められる。主要ホテルにはそのための専門要員が存在する。

さらには要人専用の入出館動線を持つなど、特別なセキュリティー体制の確保も絶対条件となる。ただ、主要国の王族や大統領など最重要人物ともなれば宿泊についてはセキュリティー上の要件もあるので、ホテルではなく迎賓館や各国大使館公邸となることもある。

エピローグ
時代は移って

The Story of Okura

明治から大正、昭和に生きた
大倉喜七郎と野田岩次郎は、
気骨のある国際人だった。
その二人が日本らしさを極限まで追求して
つくりあげたホテルオークラは、
たしかに世界に類のない
日本独自のグランドホテルとなったし、
運営ノウハウも開業から二十年ほどで
世界的な評価を獲得するまでになった。
それは日本が世界に提示した
「グローバル」の一つの完成形だった。

開業翌年に逝った大倉喜七郎

帝国ホテル会長・社長への返り咲きの夢が断たれ、そこから一念発起してホテルオークラをつくりあげた大倉喜七郎は、ホテル開業翌年の一九六三年二月二日夜、入院していた東京・本郷の東大病院で静かにこの世を去った。八十歳だった。

ホテルに専用客室を設けてステイすることもあった喜七郎が、終生の記念碑を目にしていた期間は一年に満たなかった。大倉雄二によれば、死因は直腸がんだったという。肺や前立腺の持病のためにホテルの建設時からすでに体調が思わしくなく、車椅子に乗って建物が立ちあがっていくようすを見学していたが、そんなときにもかならず正装姿だったというところがいかにもバロンたる喜七郎らしい。

ホテル開業に先だって六二年五月十三日に開かれた落成披露レセプション。喜七郎は大勢の来賓をまえにテープカットをし、竣工を宣言した。野田岩次郎社長とともに記念写真に収まった喜七郎は、ついに開業させたという安堵の笑顔を浮かべているが、杖をつき、表情はどこか弱々しい。病魔と闘う毎日だったのだ。

ホテル開発のはじめに喜七郎は野田に対して「全部君に任すからよいものをつくってくれ。もし変なものをつくったら、二十年でも三十年でも、五十年でも文句を言うよ」と注文をつけたが、野田は「一度も文句を言わず、むしろ喜んでおられた」と書き残している[52]。

落成披露宴での大倉喜七郎（左）と野田岩次郎

凝りに凝った内外装や調度品によって開発費用は巨額となってしまったが、開業してみれば宴会や宿泊予約が順調で経営のめどがなんとか立った。その報告に喜七郎は胸をなで下しただろう。人生最後の事業がもし失敗すれば、また「バロンの壮大な玩具」などと陰口を叩かれてしまう。

喜七郎の告別式は東京・南青山の青山葬儀所で二月六日におこなわれた。大勢の参列者のなかに帝国ホテル社長の犬丸徹三の姿もあった。式に参列した大倉雄二は『男爵』にこう記している。

「突然、斎場に現れた犬丸氏は満場の冷ややかな注目を浴びて、案内をする人もいないまま私の隣に空席を見つけてそこに座った」

たしかに大倉家や周囲のひとたちにしてみれば、犬丸は喜七郎悲願の帝国ホテル返り咲きを阻止した側の人間だから「冷ややかな注目」を浴びてもおかしくはないのだが、これはたして事実なのかフィクションなのか……。

犬丸は『ホテルと共に七十年』にそのときのことをこう振りかえっている。

「告別式に列(つら)なり、故人の在りし日を偲び、深い感慨の涯(はて)しなく胸中に湧き来たるを止めかねた」

犬丸は、喜七郎が公職追放によって帝国ホテルを去ってからも、元日には毎年欠かさず喜七郎邸に年賀のあいさつをしに出向いていた。喜七郎死去直前の六三年の元日は入院中の東大病院に見舞った。だから、帝国復帰が叶わなかった戦後から関係が悪化していたというわけではあるまい。

喜七郎の返り咲きについては、会社の将来を思ってどうしても阻まざるをえなかったもの の、むしろ犬丸は、人間的には彼を敬愛していたし、国際的なセンスに裏打ちされた勘の鋭さにも敬服するところが多々あった。

ところで、喜七郎は周囲のひとに「ホテルオークラは終生の事業」とことあるごとにいっていたが、晩年はオークラ事業だけに心血を注いでいたかというと、そうでもなかった。

オークラが着工したころ、喜七郎は不自由な体をおして茨城県東海村の原子力研究所に出向き、三時間半にわたって原子炉の仕組みなどを熱心に学んだという。またそれ以前には大倉科学研究所なる組織も創設し、大学研究所や各分野の専門家のアドバイスをえながら科学研究の礎にすることを志した。晩年にあっても、父親とはちがう事業家として生き方を模索していたということだろう。

そうした科学分野への事業進出は戦中にも試みられていた。一九四二年（昭和十七）、東京・三鷹の日本無線（大倉財閥傘下で解体対象）の隣接地に海軍技術研究所が三鷹分室を開設した。日本無線による、レーダーなどに利用するマグネトロン（磁電管）の研究成果を、さらに大出力のものとして軍事利用するための研究施設だった。この将来性に着目した喜七郎は、静岡県島田市に大発電所を設けて研究施設に斡旋することにした。二〇〇〇キロワットのマグネトロンを発生させる試験が進んでいたが、その努力はまもなくやってきた敗戦によって潰えることとなった[53]。

喜七郎が亡くなったとき、作家の吉屋信子（よしやのぶこ）は、昭和の歴史を彩った有名人に関する人物エッセイ「私の見た人」を朝日新聞に連載していたが、彼の逝去についてそこにこう書いている。

この生まれながらに財力に恵まれ、思うがままの趣味人として音楽界や棋院のパトロンとして文化にも貢献されたダテ者の高級オールド・プレイボーイは、あと幾百日にせまるオリンピックに備えてホテル・オークラを地上に残して、この二月に八十年の多幸の生を終られた（抜粋）

ダテ者の高級オールド・プレイボーイとは的を射ていて、それは喜七郎の後半生の生き方そのものだった。十四歳下の女性の目に、喜七郎はやはりそういうふうに映るのだろう。稀代のダテ者はこうして静かに世を去った。翌年の東京オリンピックを目にすることができなかったことは、やはり心残りだっただろう。

創業者である大倉喜七郎の逝去。そこから五十年が経った平成の世に、ホテルオークラは大きな決断を下す。

ホテルの全面建替えである。趣味人喜七郎の思い入れが縦横に表現されたホテルオークラ東京を解体し、新たな巨塔をつくるという決定だった。

海外から噴出した「建替え反対」の声

第二の創業といえるこの全面建替え計画がはじめて公表されたのは二〇一四年五月二十三日だった。

その前月には国賓として来日中の米国のオバマ大統領がホテルに滞在した。同年十二月二十二〜二十四日には、大宴会場の平安の間で松任谷由実(まつとうやゆみ)のクリスマスディナーショーが開催され、大勢の観客が来場した。これが旧館でおこなわれた最後のクリスマス催事だった。翌一五年八月末をもって本館は閉鎖、営業は別館のみとなり、旧本館解体工事がいよいよスタートした。そして二〇一九年九月十二日に新生ホテルオークラ東京が開業し、「The Okura Tokyo」と名称を変えて新たなスタートを切った。

全面建替え計画が二〇一四年に発表されると国内外から反対の声が巻き起こった。とくに海外の拒否反応が強かった。『CNN』日本語版サイトは「東京のタイムカプセル、ホテルオークラの取り壊しを惜しむ」と題するコラムを一四年七月十五日付でつぎのように掲載した。(一部抜粋)

アジアの宿泊施設のスター的存在だったホテルオークラ東京の本館が建て替えられることになった。１９６２年に開業し、時代の中に取り残されたような趣が魅力だったタイムカプセル的ホテル。２０２０年の東京五輪に向けて、本館の建物は来年8月に閉館となり、取り壊される。オークラの内装やデザインは、開業から50年たってもほとんど変わっていない。柔らかな照明に照らされたメインロビーは訪れた客を魅了し、セイコーの時計が入った世界地図には今でもレニングラード（現サンクトペテルブルク）の時刻が表示される。（中略）何でも取り壊して大きく作り直すのが主流のアジアにあって、ホテルオークラはかつて素晴らしかったものへの敬意を思い起こさせる存在だった。（中略）前進やリノベーションが必要な時と場所があることは分かる。それでも、それがこの時、この場所であってほしくないと思う。

また『ニューヨークタイムズ』電子版は一四年八月十五日付で論説「Farewell to the Old Okura（オールド・オークラへの惜別）」を掲載したが、内容を一部抜粋するとつぎのようなものだった。（筆者抄訳）

このホテルの創業者である、ケンブリッジ大学に学んだ国際人の大倉喜七郎は、自

国の伝統に**誇**りを**持**ち、**貴族的**な**矜持**にあふれる**人物**だった。**国際社会**への**復帰**をめざす**日本**で、**彼**は**日本**の**伝統美**と**モダニズム**をみごとに**融合**させた**壮大**な**ホテルオー**
クラを**建設**し、**五十年以上**にわたって**オバマ大統領**など**多**くの**外国要人**をもてなした。
(中略)ホテルは**一九六四年**の**オリンピック**に**合**わせて**建**てられたが、**当時**はまだ**日本**
人の**多**くが**戦争**の**記憶**を**消**しきれない**時代**だった。**大倉氏**の**ホテル**を**取**り**壊**すことは、
一つの**時代**の**終**わりを**意味**する。

同紙電子版はまた一五年六月五日付で、作家・評論家のサラ・ボクサーによる「The End of a Treasure in Tokyo（東京の宝の終焉）」と題した、ホテルオークラ建替えに異を唱えるエッセイを掲載した。やや感傷的にすぎる気もするが、外国の文化人たちが、五十余年の歴史しかない極東のホテルにこれほど関心を寄せていたということである。（同）

純粋に**日本的**でもなく、**純粋**な**モダニズム**でもない。**寺院**でもなく、**木造**でもない。**身近**な**存在**でもなく、**記念碑**でもなく、**新**しくもなく、**古**くもない。**ホテルオークラ**の**終焉**は、**単**に**建物**の**終焉**を**意味**するだけでなく、**一**つのアイデアの**終焉**、**一**つの**文化的**な**空気感**の**終焉**を**意味**することは、じっさいにその**建物**を**目**にすればあきらかだ。

（中略）東京の中心で、この**静**けさが**再び訪れ**ることはもうないだろう。その**場所**にいったことのある**人**でなければ、すぐに「なにが**失**われるか」はわからないだろう。このままなにもしなければ、**夏**の**終**わりには**最後**の**客**が**去**り、あの**車寄**せもなくなるだろう。

ファッションブランドのボッテガ・ヴェネタは、オークラを愛する世界の人々にホテル現場で自撮り写真を撮り、ハッシュタグ「#MyMomentAtOkura」をつけてインスタグラムに投稿するよう呼びかけたところ、多くの反応があった。またロンドン発祥の月刊誌『モノクル』も「オークラを救え」のタイトルで建替え反対のオンライン署名を呼びかけた。

さらに二十世紀の建築遺産保存を促進していく目的から設立した国際的非政府組織ＤＯＣＯＭＯＭＯ（ドコモモ）の日本支部は、つぎのような懇願調の「ホテルオークラ東京本館の保存・再生要望書」をオークラに提出した。（一五年七月九日付、一部抜粋）

（ホテルオークラ東京は）傑出した「**日本モダニズム**」としての**意匠**を**有**する**歴史的建造物**として**重要**であるとともに、**虎ノ門地区**の**景観**を**形成**する**枢要**な**要素**であります。また、**開館以来**、**今**なお**世界**の**著名人**から**称賛**され**続**けていることからも**明**らかなように、**第一級**のサーヴィスに**支**えられた**時間**と**空間**を**提供**するホテルとして、**日本**が

世界に誇るかけがえのない文化的遺産であるといえます。ぜひとも、ホテルオークラ東京本館の建替え計画をご再考いただきますよう、お願い申し上げる次第であります。

このほか国内の文化人や建築学者などからも反対意見が数多くだされた。帝国ホテル二代目本館・ライト館の解体が決まったときほどではなかったが、それは大きな勢いを持った。やはり大勢の人間が日々足を運んで、さまざまな思い出を積み重ねるホテルという舞台は、それだけ消えていくことへの拒絶があり、思慕が募るということなのだろう。

全面建替え決断の背景

けれども、ホテルオークラとしては全面建替えを決断しなければならない事情があった。開業から五十三年を経たホテルは老朽化が著しかった。施設や設備のさまざまな点が時代のニーズに合わなくなり、ある客層の目にはそういう部分がどうにも陳腐に映る。東京で開業があいついでいる外資系のラグジュアリーホテルは標準客室面積が五〇平方メートル以上で、それにくらべて昭和生まれの主要ホテルのそれはあきらかに狭い。

さらに三十年以内に七〇パーセントの確率で起こるとされている首都直下地震を想定す

れば、旧耐震基準の時代に建てられた建物は、補強工事を当然やっているとはいえ、どこかの時点で建替えを決断しなければならない。

建替えはどうしても必要だった。ところが長引く平成不況と外資系ラグジュアリーとの競合に苦戦してきたホテルオークラにとって、それをすべて自前でおこなうのは財政的に厳しかった。そこで会社は全面建替えにあたって、ホテルオークラの大株主である大成建設、虎ノ門エリアでのオフィス開発に強い日鉄興和不動産との共同開発の道をとることにした。

大成建設と日鉄興和で共同設立する特別目的会社が、新しく建てるオークラプレステージタワーの八～二十五階に設けるオフィスフロアを取得し、それを賃貸事業にまわすことで、開発費のオークラ負担が大幅軽減されるというスキームである。総事業費は一千億円だった。

いまは都心のシティホテルで、ホテル単独で棟を構成するところはきわめて少なくなった。たいがいの新設ホテルは、オフィスフロアや低層階の商業施設との複合ビル化で成り立っている。稀少な都心一等地はそうやって最大限に活用しなければ、株主から経営責任を問われかねない。それに国際コンベンション需要をつねに狙うような特別なところを除けば、もう大都市部では超大型の高級ホテルが必要とされる時代はすぎ去っている。

だから建替えのケースではより規模を小さく、より高級化して、余剰空間をオフィスや商業施設に充てるという選択肢が当然でてくる。オークラの場合、オフィス部分は自社施設ではないので賃貸収入が入るわけではないが、その代わりに最新のラグジュアリーホテル施設・設備を共同開発によって低廉に手にすることができたわけだから、株主としても納得できる。

複数の宴会施設とレストランを擁する総合型シティホテルは、売上高に占める固定費比率がかなり高い商売である。わけても人件費比率は高級ホテルほど高く、格式もあるので、収益が悪化したからといって簡単に従業員を解雇できない。だから平成不況からのホテルの経営環境は相当に厳しいものがあった。よくも持ちこたえることができたと思えるほどだ。

近年は国内需要の減退をインバウンド需要がカバーしてあまりある状況となっているが、それさえ突発的な外交的阻害要因や世界不況の到来、自然災害などによっていつ急減退しないともかぎらない。だから競争力をつねに高いレベルに保ち、国内客への訴求力も同時に高めておくことが重要となる。

日本は、歴史的建造物や街の歴史文化の保存という点であまり積極的ではなく、いとも簡単に壊して更新してしまうという批判がある。ヨーロッパなどからみればそう映るのは当然かもしれない。しかし木造建築で成り立っていた日本の都市は昔からそうして新陳代謝をしてきた現実があるし、なにしろ地震大国だから、ヨーロッパのように古い建物をひたすら大事にすることもままならない。

狭い国土で大都市に人口が集中する。土地は貴重だから建物は可能なかぎり縦へ縦へと伸びていく。そこでは、建物や街区の歴史文化をきちんと守れという意見も霞んでしまう。その結果、判で押したような既視感たっぷりの再開発があちらこちらで繰りかえされることになる。

二〇一九年九月というホテル再開業のタイミングは、二〇二〇年東京オリンピック・パラリンピックの開催に合わせたものでもあった。旧ホテルオークラ東京本館が一九六四年東京大会の二年まえに開業したのとおなじ経緯である。

奇しくもコロナ禍のために大会が一年延期され二一年開催となったことで、新旧ともにちょうど二年まえでの営業開始となった。新ホテルは東京大会のファミリーホテルに指定され、二一年七月二十日にはＩＯＣ（国際オリンピック委員会）総会が開催された。華々しい一大催事のはずが、その光景は、出席するほぼ全員がマスクを着用して手指の消毒に勤しむという異様なものとなった。

超高層のオークラプレステージタワー（四十一階建て）と高層のオークラヘリテージウ

イング（十七階建て）の二棟で構成されるThe Okura Tokyoは、現代的なビルに生まれ変わった。かつてのなまこ壁風のタイルをまとった城郭建築スタイルの独特な外観は、青みがかったガラスのカーテンウォールが陽光を反射するきわめてモダンな外観へと一変した。その容姿は虎ノ門から麻布台にかけて、そしてオークラの周囲にも林立するようになった超高層ビル群とあまり変わらないもので、はじめて訪れるひとにとっては、どれがホテルなのか判別がつきにくいかもしれない。

共同開発によるオフィスとの複合化という与条件がそうさせたのだろう。いまさらいっても仕方ないが、筆者としてはもう少し旧館の外構意匠をどこかに残してほしかったという気がする。

建物の設計は大成建設はじめ六社による設計共同体で、旧ホテルの設計委員長を務めた谷口吉郎の子息の谷口吉生（たにぐちよしお）も参画した。父親がつくりだしたオークラロビーの独特の空間は、その子が設計およびインテリアデザインを担当してプレステージタワー五階に再現された。

谷口は旧本館の営業終了から一カ月をかけて調査と測量をおこない、使用内装材や窓からの採光具合、音響状況なども徹底的に調べてオリジナルの再現に挑んだという。外構はすっかり現代的になってしまったが、ロビーについては、場所は移動したものの以前の面影がしっかりと残されているのだ。野田岩次郎の発想から導入した、エントランスとホワイエの空間から三段のゆるやかな階段を設けてロビーに導くというアプローチ上の特徴も以前のままである。

ガラスのカーテンウォールをまとった
The Okura Tokyo の外観

客室はタワーに三百六十八室、ウイングに百四十室、計五百八室が設けられた。旧ホテルの九百八十室からは客室数が半減に近いものとなったが、そのぶん客室グレードを大幅に向上させた。タワー棟で標準客室面積五〇平方メートル、ウイングでは同六〇平方メートルを確保したことで外資系ラグジュアリークラスに負けない陣容となっている。

宴会場は十九カ所、レストラン五カ所、バー二カ所、フィットネスクラブ、ビジネスセンター、チャペルなどを付帯する。エントランスとメインロビーは五階に、宴会エントランスは一階に配置することで、宿泊およびレストラン利用客、宴会場利用客の動線を完全分離する配慮もなされている。

旧別館は二〇二〇年九月末まで営業を継続し、それ以降は東京オリンピック・パラリンピック組織委員会に貸与されてボランティア用ユニホームの配布作業などに使用されたが、そのあと解体されて現在では再開発工事が進んでいる。鹿島建設が事業主で、二〇三〇年度以降の完成をめざして集合住宅、宿泊施設、店舗などで構成する地上五十四階の超高層複合ビルが建設されることになっている。

外資系とどう競っていくのか

この十年ほどで、東京にかぎらず、いや京都ではそれ以上に外資系ラグジュアリーホテルの開発があいついできた。コロナ禍でインバウンドは二〇二〇年から丸二年間が完全に落ちこんだが、二三年からは急回復している。世界の金融誌や旅行誌での日本の旅行先としての評価はあいかわらず高いものがあり、日本食ブームとセットでますます注目されるようになっている。

そうした市場動向から、外資系のホテル運営会社のあいだでは、日本はまだホテル開発の余地ありという声が根強い。「ホテル戦争」というたぐいの煽情的な論調を好む日本のメディアは、外資系ブランドがつづけて参入してくるとすぐに国内系の倒産があいつぐかのような記事を書いて騒ぐのだが、実情はちょっとちがう。

外資系側は市場の飽和がまだ先とみているし、国内系もまたインバウンド旅客のあいだで認知度の高い外資系ホテルの集積が進めば、それだけ旅行目的としての認知度が高まり、ひいては自ホテルにも恩恵があるというポジティブな見方をするようにもなっている。ただし老朽化して陳腐化し、サービス改善も進まないようなところは退場を余儀なくされていく。それはいつの世でも仕方ないことだ。

日本進出の外資系ホテルは、九〇年代にフォーシーズンズホテル、パークハイアット、ウェスティンが東京でほぼ同時期に開業して「外資系新御三家」などと呼ばれた。ヒルトン、マリオット、ハイアットといった米国系メガグループとフランスのアコーによって占有されていた日本市場だったが、二〇〇〇年代になるとマンダリンオリエンタル、ペニンシュラ、シャングリラといったアジア系のホテルも東京に入ってきた。日本はまだ平成不況にあえいでいたが、それらはインバウンド市場の成長を見越しての参入だった。

さらにこの数年では、タイのデュシタニ、シンガポールのカペラといった東南アジア系の高級ホテルチェーンが京都に進出してきた。シンガポール、タイ、マレーシア、インドネシアなど東南アジア諸国の訪日旅行者数は大きく伸びていて、その市場を狙っての参入であり、同時に東南アジアへ旅行する日本人客への販促拠点でもある。国内系ホテルはもう米欧系メガグループとの競合だけでなく、アジアの勢力とも競わないといけない時代になっている。

そして東京のホテルはいま大規模な更新期にある。

一九六四年東京オリンピックと一九七〇年大阪万博に合わせて続々と開業したホテルの建物は老朽化が目立つ。ホテルオークラ以外にもザ・キャピトルホテル東急、パレスホテル、赤坂プリンスホテル（現ザ・プリンスギャラリー東京紀尾井町）が全面建替えをすでに断行し、帝国ホテルも二〇三六年までに全面建替えとなる。ホテルニューオータニ、京王プラザホテルは二〇〇〇年代になって大規模改修工事を実施したが、この二つもいずれ建替えか再開発の道が選択されることになるだろう。また都市計画公園内にあることで困難だった東京プリンスホテルの建替えも、東京都の規制緩和（公園まちづくり制度活用）によって道が開かれそうだ。

三井不動産、三菱地所、森ビル、森トラスト――。これらの大手デベロッパーによってつぎつぎと誘致されてきた外資系高級ホテル、その攻勢にさらされることで国内系主要ホテルの危機感は高まり、本格的な事業再構築を決断させたという側面がある。ただ、三井不動産は帝国ホテルの最大株主であり、傘下の三井不動産ホテルマネジメントが高級ホテルブランドも持っている。また三菱地所もロイヤルパークホテルズを完全子会社として持っているのだから、両社ともに「グループ内競合」を内包しているわけだが。

いずれにしても世界有数の観光都市となった東京や京都、大阪のホテルは、そうしたカオス状態のなかで新旧交代が進んでいき、予期しないようなまったく新しい産業ステージを迎えることになるのかもしれない。

世界に通用する日本らしさと老舗の矜持

日本は少子化からくる人口減少が確実に進んでいる。マスマーケットである団塊世代の消費も高齢化とともに落ちつつある。あらゆる産業が海外市場開拓をめざさないといけない時代となり、経済産業省などはかねてからそのための施策に躍起だ。

そこで改めてキーワードとなるのは「日本らしさ」だろう。

インバウンド旅行の隆盛で日本理解が進み、政府機関や業界団体のあと押しによる海外での告知、見本市出展でも、日本製品のよさがアピールされてきた。その結果、国内では消費量が落ちこむ一方の日本酒などは、フランスをはじめとするヨーロッパで大人気となり、いまや現地のレストランで吟醸酒とのマリアージュによるメニュー開発もおこなわれているほどだ。日本酒だけでなく日本産ウィスキーも人気がうなぎのぼりだし、ワインさえも品質の高さが本場で認知されてきている。

日本らしさとは、なにも日本古来のもの、伝統的なものを指すにとどまらない。たとえばトヨタに代表される世界一ともいわれる品質管理システム、航空宇宙産業を支えるほど精密度が高い中小企業のものづくりの技術、圧倒的な世界シェアを持つ信頼性抜群のカメラといったものも、日本らしさの「顔」といえる。

いまでは世界ブランドとなっているユニクロの展開も日本らしさの勝利といえるだろう。過不足ない日用のデザイン性、品質、プライスパフォーマンス、そのバランスの妙は真似できそうでできない。もっともユニクロは世界展開で失敗を重ねたことがあり、その経験を活かすことで現在の地位を築いた。

インバウンド旅客に大人気で、チェーンの海外出店も活発となり「世界食」というまでになっているラーメンもまた、日本らしさの一つの象徴といえる。ラーメンはもちろん中国由来だが、いまや欧米のひとたちのあいだでは完全に日本食という解釈だ。

日本の陶器や漆器は近代以降、欧米で大人気だった。以前は日本伝統の意匠そのままで輸出されていたが、いまはちがう。京都の京焼のメーカーなどは、西洋の食卓に合わせた陶器製品輸出にかなり力を入れているし、西陣織も本来の着物の領域を脱して、インテリア製品やファッション素材としての製品開発によって海外で人気となっている。

その大先輩がカトラリー（ナイフ、フォーク、スプーンなど）製品だ。新潟の燕市などで生産される高品質の製品は、昭和の為替固定相場制の時代からとくに米国市場で高いシェアを占めてきた。近年では、日本包丁が海外の料理人のあいだで高い人気がある。日本刀のごとく刃紋が浮いたさまと切れ味に、日本らしさと神秘性を感じるらしい。

この本の題材である旧ホテルオークラは、建築やインテリアでいかにも日本らしいホテルだったが、ホテルの世界でもいま、日本らしさがあらためて大きなテーマになっている。インバウンド旅行市場が急拡大して、その勢いが今後も継続されると判断された結果の「業態の大転換」といえる。

和のインテリアや外構デザインが多くみられるようになったのだ。とくに京都では、市による景観上の縛り（条例）があることもあり、路面一階の外構デザインを日本建築風とすることがトレンドになっている。瓦を載せた庇をつけ、犬矢来（いぬやらい）（模造品が多いが）を置き、エントランス部分に暖簾を下げるといった具合である。また中庭を設けて日本庭園とするところも少なくない。

浅草にある浅草ビューホテルアネックス六区も、和のテイストをふんだんにとり入れ、旧歌舞伎座から移築したという檜舞台では浅草芸者による踊りなどのイベントが年間を通じて開催されている。星野リゾートの星のや東京のように、都心にありながらエントランスで靴を脱ぐ旅館スタイルという高級ホテルもある。

いま日本で外国人旅行者のそういう希求に応えているホテルは、高級ホテルよりもむしろ、シティホテルとビジネスホテルの中間に位置するカテゴリーで目立っている。格式といった既成概念とは無縁だから、ゲストニーズを汲んだ施設づくりを柔軟におこなえるのだ。

日本のホテルは当然のことながら、明治の黎明期から西洋を模倣してつくられてきた。箱根の富士屋ホテル、日光金谷ホテル、奈良ホテルなど、外国人旅行者の感興に訴えた伝統建築様式の外観のホテル群が例外としてあるが、内部施設やサービスのスタイルはあくまで洋式である。そしてシティホテルでは、旧ホテルオークラなどを例外として、外観も内装も洋式であることが前提だった。だからこそ旅館ではなくホテルという区分がずっと存在した。

そこには、外国人客（とくに米欧客）に使ってもらうのだから西洋スタイルでなければ失礼だという〝思いこみ〟もあったように思う。しかしそんなかつての常識は無意味になりつつある。なぜ日本らしいホテルが続々と誕生しているのかといえば、インバウンド旅客がそれを求めているからだ。日本にきたならば、やはり日本らしいテイストを持つホテルに泊まりたいと願うのは当然だろう。

その国らしいホテルは大事にされるべきだし、旅行者に人気があるものだ。スペインのパラドール、インドの宮殿ホテル、中国の四合院などはその代表例だし、先に挙げた明治期開業の日本のクラシックホテル群も同様である。

外資系ホテルのラグジュアリーブランドがかなりの勢いで押し寄せてきていることは前記したとおりで、この人手不足が深刻化している時勢に大丈夫なのだろうかと案じてしまうほどである。コロナ禍の危機をはさんでインバウンド旅行需要が絶好調なだけに、「乗り遅れるな。あとのことはつくってから考えろ」と、ずいぶんまえのめりになっている観さえある。

よくメディアで話題になるのは「外資系ラグジュアリーブランドに日本のホテルはどう対抗していくか」ということである。けれども筆者の考えでは、百年、五十年の歴史を紡いできたなかで日本の老舗ホテルが磨いてきた運営力＝組織力（研修制度、教育制度を含めて）は、けっして新参の外資系ホテルに負けるものではない。

新しくでてきた外資系ホテルはほかのホテルから経験者をかき集める。そうして経験の豊かな責任者を各部門に配置するが、ほとんどの従業員は経験度の浅い転職組か新卒社員である。だから組織力という点では、国内系主要ホテルとのあいだには圧倒的な差が存在する。したがって、よくいわれる「もてなし」の技量も、日本のホテルが外資系に負けることはない。

ではなぜ外資系、とくに米欧メガグループ系がラグジュアリーブランドにおいても破綻なく高レベルのサービスを提供していけるのかといえば、彼らには、世界の幾多の現場で磨きつづけてきた強固なマニュアルがあるからである。それは、いかなる国、いかなる人種でも理解できるような普遍的で、高度に体系化された分厚い「聖典」である。

それなら日本のホテルにはそれがないのか。もちろんある。あるけれども、残念ながら外資系のそれのように普遍的で体系的なものではなく、その会社組織のなかだけで通用するというレベルのものであることが多い。このあたりは世界展開の経験度の差といえる。

さらに日本の企業になによりも欠けているのは、エンパワーメント(権限移譲)だろう。各現場に裁量権が認められているからこそ、ゲストサービスもスピーディーに、タイムリーにおこなえる。たとえばコンシェルジュや高級レストランのメートル・ドテル(サービス長)などは、少なくない額の費用決済をともなう判断をその場でしなければならないシーンがあるのだが、外資系では「この額までなら完全に一任する」というマニュアル事項がある。一方、日本の会社では「上長に相談してから」となってしまう。これはホテル業界にかぎらず日本の企業社会に共通する課題だろう。

外資系の評価が高い背景には、そういうところの差の積み重ねもあるはずだ。また外資系はそうした「美談」を世に広めるPRテクニックも秀でている。

この十年ほどでホテルの利用客層も大きく変化してきた。インバウンド旅行需要が急成長し、出国日本人数と訪日旅客数がついに逆転した二〇一五年あたりまでは、ホテルの利用客は日本人のほうが多かった。しかしいまは主要都市や観光地ではインバウンド旅客の予約が優先されている。予約タイミングが国内客よりもかなりはやいためだ。だから日本人の予約は弾きだされ、相対的に外国人の利用のほうが多くなる。

国内客でいえば、昭和のころには特定のホテルを定宿とする優良顧客層、ヘビーユーザーがたくさんいたが、平成以降の高級ホテル利用客には、話題の外資系ホテルを使ってみたいと考える層のほうが多くなった。開業したばかりの話題性の高いホテルをつぎつぎと利用するという層である。そこでは残念ながら、長年磨いてきたもてなしの技量といったものも、それほど期待されない。宝の持ち腐れになってしまっているわけである。

しかしそうしたことも、インバウンド旅行の質的変容によってまた変わるかもしれない。インバウンド旅行は、旅客数も大事だが質も大事だ。消費額の大きないわゆる富裕層旅行の市場をどれだけ積みあげることができるか。そこがいま日本のインバウンド旅行政策で問われている。その市場ボリュームが大きければ大きいほど、旅行目的地としての魅力が高いという判断にもなる。政府も訪日旅客数三千万人をクリアした時点からその開拓に力を入れてきている。

旅慣れた富裕層がもっと日本を訪れることになれば、日本らしいホテルの、日本らしいもてなしを期待する層が増えるはずだ。「金額は関係ない、どれほどの満足を与えてくれるのか」という尺度がそこには存在する。高度なもてなしの技術は、館内での食事やギフト購入などの消費を押しあげるし、リピーターを増やすことにもつながる。

その点で、日本のホテルはもう一度、自分たちの強みを再確認し、磨きをかけることが大事だ。さらには外資系ホテルに負けない、真似できないだけの商品力と情報発信力を持つべきだろう。昭和の時代、日本市場開拓で押し寄せた米欧企業のビジネスエグゼクティブたちは主要ホテルの商売を支えたが、こんどは富裕層旅行をどんどん引き入れて、深い印象を与えていく。

これからのホテル企業社員には、ぜひともそういう気概を持ってマーケティングやサービス力の充実にあたってほしい。政府がそういう顧客を引っぱってくるのではなく、自分たちがその市場を創造し拡大していく。それくらいの気概を持ってほしい。自信を持って。

ホテルにかぎらず、日本のあらゆる産業がグローバル化の洗礼を受けて久しい。それは時代の要請であり、世界と伍していくための試練だった。世界標準の経営スタイルやマーケティングの確立は、世界と闘っていくうえではやはり必要不可欠。世界に真摯に学ぶべきなのだ。米国並みの指標至上主義経営もそれはそれで大切だ。

しかし忘れてはいけないことが一つある。それは日本企業としての確固たるアイデンティティとオリジナリティが存在しなければいけないということ。世界はいま日本に、日本らしさや、日本にしかないものを求めている。米欧企業ほどグローバルになることも叶わず、アジアの他国に価格競争で負けてしまうような中途半端な製品やサービスを求めているわけではない。ジャパンメイド、ジャパンスタイルの高いオリジナリティをこそ求めている。

その点で、日本の企業はいま一度、老舗企業や老舗店の商売に学んでみるべきかもしれない。老舗企業や老舗店にはいつの時代にも魅力を失うことなく、危機を乗り越えてきた歴史がある。たゆまぬ改革、革新の努力があったればこそ、その歴史をつないでくることができた。そういう努力がつまりブランド力となり、長く愛されるバックボーンとなってきた。

長く残って、高い評価を保ちつづけているものは強い。その強みは日本らしさとともに大きな武器となる。

明治から大正、昭和に生きた大倉喜七郎と野田岩次郎は、気骨のある国際人だった。その二人が日本らしさを極限まで追求してつくりあげたホテルオークラは、たしかに世界に類のない日本独自のグランドホテルとなったし、運営ノウハウも開業から二十年ほどで世界的な評価を獲得するまでになった。

それは日本が世界に提示した「グローバル」の一つの完成形だった。二人の発想力や決断力に学ぶべきところは、いまも多々あるのではないかと思う。それがこの稿をものした理由でもある。

野田岩次郎による新成人社員にむけた揮毫。
「和を保て」は社訓の一つ

あとがき

こんなキャラクターはほかにいない――。大倉喜七郎を一言でいうならば、そういうことになるだろうか。偉大な浪費家、壮大な夢想家、おそろしく気前のいいパトロン。いくらでも喩(たと)えはでてくる。しかし特段の偉業をなしたわけでもなければ、大実業家だったわけでもない。そこは父親の大倉喜八郎や渋沢栄一などとはまったくちがう。けれども、この実業家としての資質を欠いた「破格の御曹司」には、そういう尺度では計れない不思議な魅力がある。

筆者は二〇二三年に『帝国ホテルと日本の近代「ライト館」はいかにして生まれたか』を上梓した。明治期の帝国ホテル創業からフランク・ロイド・ライト設計による二代目本館（ライト館）の終焉までをたどりながら、波瀾に満ちた近代の世相を振りかえるという趣旨の本である。それを書くあいだにも、つぎには帝国ホテル社長の座を公職追放によって追われ、返り咲きを阻まれた大倉喜七郎のことを書きたいという思いがあった。

彼がその無念から一念発起して世に問うたのが、ホテルオークラだった。喜七郎はすでにかなりの老齢だったし、もともと経営実務にむかない性格だから、開業後の舵とりはすべて野田岩次郎に任せた。野田は社長としてホテルを成功に導き、喜七郎の「帝国ホテルを超える」という理念に肉薄した。超えたかどうかは簡単にいえるものではなかろうが、とにかく比肩するところまで導いた。

この稿は、大倉喜七郎の人間像、野田岩次郎の経営術、野田を支えた社員たちの奮闘ぶりを三分の一ずつほどの割合で書いた。高度成長期からその終焉という時代背景のなかで、巨大ホテルがどう開発され、運営されていったのか、産業ノンフィクションとしての部分も大事に書いたつもりだ。

稿を起こすにあたっては、株式会社ホテルオークラ東京のマーケティング部企画広報課から多くの社内資料を提供していただいた。また、ホテル草創期に広報担当だった武田尚一さんからも大量の貴重な資料コピーを提供していただき、創業期の逸話も聞かせていただいた。野田・青木コンビによる経営術を知るうえでおおいに参考になった牧野靖著『「ホテルオークラ」物語 世界一のホテルを創った二人の男』(『新潮45』掲載)を紹介していただいたのも武田さんだった。これら貴重な資料や証言がなければ、この書をものすることはできなかった。

さらに、筆者がホテル業界専門誌の編集をしていたころからの恩人で、やはりホテルオークラの広報担当だった諏訪健一さん(現在はホテルコンサルタントとして活躍)からも、執筆のうえでのアドバイスや貴重な証言をいただいた。武田さんと諏訪さんには本文中でもコメンテーターとして登場していただいている。ホテル広報とお二方の懇切なご協力に対し、あらためてこの場を借りて深謝したい。

また、出版の機会を与えていただいた日本能率協会マネジメントセンターの黒川剛さん（ラーニングパブリッシング本部長）にも感謝したい。「経営現場の人間ドラマをリアルに描いてほしい」というリクエストにはおおいに刺激された。

二〇二五年一月

永宮 和

参考・引用文献

『稿本 大倉喜八郎年譜（第三版）』 東京経済大学史料委員会
『人間大倉喜八郎』 横山貞雄 萬里閣書房
『渋沢栄一伝記資料』 デジタル版 「大倉喜八郎翁」 渋沢栄一記念財団
『男爵元祖プレイボーイ大倉喜七郎の優雅なる一生』 大倉雄二 文藝春秋
「大倉喜七郎の主な活動分野と年譜」 村上勝彦 大倉文化財団資料
『日本自動車史Ⅱ 日本の自動車関連産業の誕生とその展開』 佐々木烈 三樹書房
『時事新報』 連載記事 「自動車旅行」 竹内生
『御料車と華族の愛車』 霞会館
『破天荒〈明治留学生〉列伝 大英帝国に学んだ人々』 小山騰 講談社選書メチエ
「大倉喜八郎・喜七郎による芸術文化支援の一考察」 種井丈 國學院大學紀要
「１９５０年代における旧財閥系企業の株式所有構造」 菊地浩之 財団法人政治経済研究所 【論文】
「赤倉観光ホテルと国際リゾート地開発」 砂本文彦 日本建築学会計画系論文集
「川奈の生い立ち」 大倉喜七郎

『ホテルと共に七十年』犬丸徹三 展望社
『帝国ホテル百年の歩み』帝国ホテル
『フランク・ロイド・ライト 建築家への手紙』内井昭蔵訳　丸善
『ホテルオークラ ホテル産業史のなかの四半世紀』ホテルオークラ
『ホテルオークラ二十年史』ホテルオークラ
『財閥解体私記　私の履歴書』野田岩次郎 日本経済新聞社
「社長随筆 ホテルオークラのできるまで」野田岩次郎 ホテルオークラ社内報
『新建築』一九六二年七月号 ホテルオークラ特集 新建築社
「ホテルオークラ社内報 故野田名誉会長 追悼特集号」
「ホテルオークラ社長 大崎磐夫（下）」日経流通新聞一九九九年二月十一日付
『新潮45』二〇〇一年二月・三月号『「ホテルオークラ」物語』牧野靖 新潮社
『小野正吉 フランス料理の鬼と呼ばれた男』宇田川悟 柴田書店
『わが輩は料理長である』嶋村光夫 日本ヴォーグ社
『ホテルオークラ総料理長の美食帖』根岸規雄 新潮新書

本文注

1）大倉文化財団理事長・村上勝彦「大倉喜七郎の主な活動と年譜」。

2）霞会館『御料車と華族の愛車』第4章「モータースポーツと華族」P104。

3）日本銀行調査統計局「企業物価指数（戦前基準指数）」を参考。1910年（明治34年）の企業物価指数が0.469、2019年は698.8。換算すると当時の1円は現在の1490円に相当する。ただし白米価格から換算すると5000円、小学校教諭初任給から換算すると2万円と大きな幅がある。

4）『東京朝日新聞』1898年（明治31年）1月11日付記事「自動車の初輸入」をもとに複数の時代考証専門家や自動車史家などが考証を進めた結果、そういう結論に達した。

5）小山騰著『破天荒〈明治留学生〉列伝』P193。

6）霞会館『御料車と華族の愛車』P104。

7）大倉雄二『男爵』P177。ただしこの部分の記述はフィクションの可能性もある。

8）1882年（明治15）に福沢諭吉が創刊した日刊紙で、戦前の五大新聞の一つ。大倉喜七郎のレース参加に関する記事掲載は1907年6〜7月ごろと思われる。

9）霞会館『御料車と華族の愛車』P178。

10）略称JAHFA。「日本における自動車産業・学術・文化などの発展に寄与し、豊かな自動車社会の構築に貢献した人々の偉業を讃え、殿堂入りとして顕彰し、永く後世に伝承してゆくこと」（ホームページより）を主な活動とする特定非営利活動法人。

11）『時事新報』掲載の同乗記連載「自動車旅行」（1908年9月13日〜23日の7回連載）。

12）中日本自動車短期大学論叢第17号 大須賀和美「日本自動車史の資料的研究」。

13）『稿本 大倉喜八郎年譜』第3版 東京経済大学史料委員会 P８。

14）ただし『稿本 大倉喜八郎年譜』によれば、喜八郎自身「会津、白河、宇都宮を経て十日間で」とも回顧している。

15）横山貞雄『人間大倉喜八郎』。

16）姉からもらった路銀20両と貯めた５両の25両という記録もある（『稿本 大倉喜八郎年譜』第3版による）。

17）村上勝彦「大倉喜七郎の主な活動と年譜」。

18）この時代、外客誘致などの国家プロジェクトに対しては大蔵省から直接融資がなされていた。

19）『男爵』P50。

20）日本建築学会計画系論文集第５３５号・砂本文彦「赤倉観光ホテルと国際リゾート地開発」。

21）川奈ホテルホームページ・川奈ホテルの歴史「まぼろしの川奈ホテル駅」。

22）戸板康二『大倉喜七郎のホテル』を参考。

23）大倉雄二『男爵』P５。

24）村上勝彦「大倉喜七郎の主な活動と年譜」。

25）國學院大學大学院紀要「大倉喜八郎・喜七郎による芸術文化支援の一考察：大倉集古館と羅馬開催日本美術展覧会を中心に」種井丈。

26）『稿本 大倉喜八郎年譜』P２６０。

27）『帝国ホテル百年の歩み』Ｐ１３７。
28）日本経済新聞電子版２０１２年４月７日付・伊奈久喜「日米外交60年の瞬間 鳩山氏ついに追放解除に」。
29）財団法人政治経済研究所・菊地浩之論文「１９５０年代における旧財閥系企業の株式所有構造」表３-21帝国ホテルの株主推移。
30）野田岩次郎「ホテルオークラのできるまで 三」ホテルオークラ社内報。
31）「ホテルオークラのできるまで 三」。文中で野田は「譲渡額はここには示さない」としている。
32）『新潮45』特別読物 牧野靖著『「ホテルオークラ」物語 世界一のホテルを創った二人の男』。
33）『帝国ホテル百年の歩み』Ｐ１３７。
34）『ホテルオークラ ホテル産業史のなかの四半世紀』Ｐ１５５。
35）『私の履歴書』Ｐ１０５。
36）『清水建設百五十年』清水建設社史。
37）「ホテルオークラ社長 大崎磐夫（下）」日経流通新聞１９９９年２月11日付。
38）カシオ計算機ホームページ「カシオの歴史」
39）ホテルオークラ社内報 故野田名誉会長追悼特集号。
40）米進駐軍がモータープール用に接収していた土地を、日活社長の堀久作が手に入れて建てた戦後復興の象徴的な建築。ホテルは６～８階に入り、４～５階が日活本社、地下にアーケードと日活直営のレストランがあった。

41）ホテルオークラ社内報「社長随筆 ホテルオークラのできるまで（六）」。
42）「ホテルオークラのできるまで（六）」。
43）大崎磐夫「ホテルオークラ開業の頃」（ホテルオークラ内部資料）。
44）国土交通省ＰＤＦ資料「観光とオリンピック・パラリンピック」。
45）『ホテルオークラ ホテル産業のなかの四半世紀』Ｐ１８９。
46）財務省貿易統計「年別輸出入総額」。
47）経済産業省・資源エネルギー庁サイト「日本のエネルギー、１５０年の歴史④」。
48）『私の履歴書』Ｐ１１５。
49）『ホテルオークラ社内報』１９７５年９月20日発行号
50）『ホテルオークラ ホテル産業史のなかの四半世紀』Ｐ２３６。
51）『新潮45』『「ホテルオークラ」物語』後編。
52）『私の履歴書』Ｐ１０８。
53）村上勝彦「大倉喜七郎の主な活動と年譜」。

【著者】

永宮 和（ながみや かず）

ノンフィクションライター、ホテル産業ジャーナリスト。1958年福井県生まれ。ノンフィクション著作に『「築地ホテル館」物語』『帝国ホテルと日本の近代』（いずれも原書房）など。ホテル、旅行、西洋料理などの産業史研究に注力している。本名は永宮和美。

ホテルオークラに思いを託した男たち
大倉喜七郎と野田岩次郎 未来につながる二人の約束

2025年1月30日　初版第1刷発行

著　者 —— 永宮 和

発行者 —— 張 士洛
発行所 —— 日本能率協会マネジメントセンター
〒103-6009　東京都中央区日本橋2-7-1　東京日本橋タワー
TEL 03（6362）4339（編集）／03（6362）4558（販売）
FAX 03（3272）8127（編集・販売）
https://www.jmam.co.jp/

本文デザイン・DTP —— IZUMIYA（岩泉 卓屋）
協　力 —— NPO法人企画のたまご屋さん
印刷所 —— シナノ書籍印刷株式会社
製本所 —— 株式会社新寿堂

ISBN978-4-8005-9305-4　C2034
落丁・乱丁はおとりかえします。
PRINTED IN JAPAN